KB191222

정지우

20년간 매일 쓰는 작가이자 문화평론가, 저작권 분야 변호사. 대학 시절 《청춘인문학》을 출간하며 작가 활동을 시작했으며, 매일 SNS에 올리는 양질의 글들로 많은 독자의 호응을 얻고 있다. 인문사회 및 최근 세대, 법 분야에서 꾸준한 집필 활동으로 《분노사회》《인스타그램에는 절망이 없다》《이제는 알아야 할 저작권법》《돈 말고 무엇을 갖고 있는가》《사람을 남기는 사람》 등 20여 권의 책을 출간했다.

문화평론가로서 사회문화 및 콘텐츠와 관련해 다방면의 기고와 방송 활동을 이어오고 있다. 〈한겨레〉〈매일경제〉〈아시아경제〉〈롱블랙〉 등에 정기적으로 기고해왔고, CBS〈세상을 바꾸는 시간 15분〉, EBS〈비지니스 리뷰〉, tvN〈프리한 19〉, 유튜브〈침착맨〉, KBS〈TV비평 시청자데스크〉, JTBC〈시청자의회〉 등 다양한 교양·시사·예능 방송에 참여해왔다.

최근에는 법무부 법무자문위원회 연구위원, IP 로펌 등을 거쳐 저작권 분야 변호사이자 한국저작권위원회 감정인으로 활동하고 있다. 정부 기관, 대기업, 시민단체 등 다양한 기관에서 강연, 심사, 자문 등을 맡아왔다.

AI,
글쓰기,
저작권

마름모 문고
001

AI,
글쓰기,
저작권

정지우

**생성형 인공지능 시대
창작은 어떻게 바뀌는가**

마름모

몇 년 전만 해도 인공지능이 시를 쓰고, 소설을 쓰며, 인간의 목소리로 노래를 부르는 시대가 올 것이라 믿는 사람은 거의 없었다. 2004년 개봉한 〈아이, 로봇〉에서 델 스푸너(윌 스미스 분)는 AI 로봇 서니에게 너는 인간이 아니라고, 인간을 흉내 낸 기계에 불과하다고 말하면서 "로봇이 교향곡을 작곡할 수 있어? 로봇이 캔버스 위에 아름다운 명작을 그릴 수 있어?"라고 묻는다. 이에 서니는 "당신은요?" 하고 반문하고, 델 스푸너는 아무 대답도 하지 못한다. 그러나 이제 이 영화의 설정은 완전히 잘못되었다는 게 밝혀졌다. 오히려 델 스푸너는 "교향곡을 작곡할 수 있으면 다야? 캔버스 위에 아름다운 명작을 그릴 수 있으면 다야?"라고 물어야 할 판이다.

사람들은 창조성이나 상상력, 독창성만큼은 인간의 고유한 능력이라고 믿어왔다. 낭만주의 시인들은 인간의 창조성은 신과 자연으로부터 부여받은 영감에 기원한 것으로, 인간 영혼의 가장 핵심이라 믿었다. 아무리 기계가 발전해도 인간의 수족에 불과할 뿐, 인간 영혼의 핵심인 '창조성'을 대체할 수는 없으리라는 것이 21세기 초만 해도 당연한 믿음이었다.

그러나 이제는 창조적인 영역이야말로 AI가 너무나 손쉽게 해낼 수 있는 일이고, 오히려 아주 세밀한 육체노동 쪽이 '인간만'이 할 수 있는 일일지도 모른다는 게 상식에 가깝다. AI가 로봇에 탑재되어 아주 정교하게 움직이면서 집 안 구석구석 먼지를 닦거나, 험악한 지형을 걷거나 뛰어오르며 자연스럽게 이동하는 일이 상대적으로 어렵고 고도화된 기능이라는 것이다. 자기만의 창조성, 독창성, 상상력에 기반하여 '멋'을 창출하고 '개성'을 빛내는 지적 작업들은 오히려 AI의 등장으로 너무나 평범하고 흔한 일이 될 위기에 처했다.

이 책은 바로 그 지점에서 출발한다. 나는 이것이 우리 시대의 핵심 화두 중 하나라고 믿고 있다. 지난 몇백 년은 개인의 창조성과 개성에 기반하여 인간 존재의 가치를 따진 시대였다. 흔히 이 빛나는 개성의 '개인'이라는 개념은 인류 역사에서 '근대'라는 시기 이후에 등장한 것으로 본다. 많은 사상가가 개인의 출현이 대략 15세기의 르네상스로부터 서서히 시작되어 17, 18세기의 계몽주의를 거치고, 19세기 무렵 낭만주의에 이르러 최고조에 이르렀다고 말한다.

우리 인간이 최고도의 이성을 가진 존재로서 다른 동물과 차별화된다는 게 '계몽주의'적 신념이다. 나아가 다른 동물은 흉내 낼 수도 없는 창조성과 감성을 가진 특별한 존재라는 게 '낭만주의'적 신념이다. 우리는 바로 그런 계몽주의와 낭만주의에 뿌리를 내린 인간관, 즉 '이성'과 '창조성'에 대한 자부심으로 살아왔다. 특히 이성과 창조성이라는 덕목을 갖춘 인간이야말로 인간 중에서도 가장 훌륭한 존재라고 믿어왔다. 그래서 아이들은 어릴 때부터 최고의 이성적 존재임을 인정받기 위해 공부하고, 최고로 창조성 있는 존재가 되길 꿈꾸며

7

'삶의 가치관'을 형성해간다.

그러나 이성의 기능은 물론이고, 이제는 감성과 창조성까지 AI가 대체하는 시대가 됨으로써 우리 인간은 역사적으로 매우 중요한 기로에 서게 되었다. 단순히 추상적인 역사 인식을 넘어 개개인의 삶에도 이 문제가 지대한 영향을 주고 있다. 당장 기업들에서 인간이 필요 없어지고 있다. 특히 AI를 적극적으로 개발하고 도입한 빅테크 기업들에서부터 인간이 사라지고 있다. 최근 구글, 아마존 같은 미국의 주요 AI 빅테크 기업들은 수만 명의 직원을 감축했다. 이런 기업들의 직원 1인당 매출 규모가 수백만 달러이 되는 것만 봐도, 인간이 AI로 대체되고 있음을 알 수 있다.

나는 어릴 적부터 작가를 꿈꾸었고, 지금도 작가로 살고 있다. 콘텐츠와 저작권 분야에서 문화평론가이자 변호사로 살고 있기도 하다. 그러다 보니, AI가 불러오는 시대 변화를 더욱 민감하게 느낀다. 창작 생태계는 관용어로서가 아니라 실제로 '하루가 다르게' 바뀌고 있다. 불과 몇 달 사이 온 인터넷이 AI가 만들어낸 포스트로 뒤덮이고, SNS 피드도 AI가 만들어낸 그림들로 쌓이고 있다. 갑자기 갈 길을 잃어버린 창작자들의 탄식도 들려오고, 저작권 분야에서도 실시간으로 AI 콘텐츠에 대한 논의가 이어진다.

특히 글쓰기는 내 인생의 전부였다고 해도 과언이 아니다. 내 20대의 대부분은 온전히 읽고 쓰는 데 바쳐졌다. 매일 글을 쓰며 나의 진실을 마주하고 삶을 이끌어갈 힘을 얻는 게 곧 내 인생이나 정체성의 본질이었다. 그렇기에 이 시대에 나는 나름대로 글쓰기에 관해 답하지 않으면 안 된다. 시대적으로도 그렇지만, 나라는 인간에게 이것은 반드시 해명되어야만 하는 가장 절실한 문제가 된 것이다. 모두가 손쉽게 글을 찍어낼 수 있는 시대에 글쓰기란 무엇인가. 그런 시대에 나의 글을 쓰는 삶이란 도대체 어떤 가치가 있는가.

이 책 1부는 생성형 AI로 촉발된 인간의 존재 가치 문제를 탐구하면서 AI가 보편적으로 쓰이게 된 사회에서 나타나는 양상을 성찰하고, 2부와 3부에서 본격적으로 생성형 AI의 활용을 다루며 글쓰기에 이용하는 법을 비롯해 창작의 범위와 권리와 책임을 다룰 것이다. 당연히 이러한 시대의 '정답'을 아는 사람은 없다. 고작 몇 년 뒤를 예측하기도 쉽지 않고, 그러한 변화 속에서 법은 어떻게 달라지고, 글쓰기와 창작의 지위 또한 어떻게 변동될지 모른다. 그럼에도 나는 이 변화의 시대를 맞이하는 하나의 자세가 있다면, 내가 믿는 진정성을 집요하게 추구하면서도, 최대한 다채로운 사고에 열려 있는 것이라 생각한다. 이 작은 책이 그런 자세를 잡아가는 하나의 시도로서 의미를 지니길 바라본다.

1부는 인간 삶의 의미를 재구성하는 철학적 시도로서, 읽는 분들에 따라서 약간 버겁게 느껴질 수도 있다. 철학적 논의란 것이 늘 그러하듯, 누군가에게는 너무나 흥미진진하지만, 누군가에게는 뜬구름 잡는 이야기처럼 와 닿지 않을 수 있다. 그러나 고백건대, 나는 이 장을 가장 즐겁게 썼다.

그럼에도 1부가 버거울 것 같은 분들은 당장 실용적이고 현실적인 이야기를 하는 2부부터 읽어도 큰 문제는 없다. 2부에서는 작가에게 실제로 도움이 되는 AI 활용법부터, 그럼에도 대체할 수 없는 작가의 능력 등에 대해 최대한 현실에 밀착해 쓰고자 했다. 아마 내 주변의 동료 작가들도 가장 흥미롭게 읽을 부분이 아닐까 싶다.

3부는 AI로 본격화된 저작권과 법적 논의를 담았다. 법이라고 하면 재미없다는 게 통념이지만, AI는 우리 실생활에 닿아오는 현재이자 미래의 문제로서, 법적으로 의미 있고 재미있는 지점들이 많다. 아직 결론이 확고한 부분이 아니므로 다양한 분야의 독자가 이 즐거운 사고에 동참해주면 좋겠다. 이 책의 이야기들이 'AI, 글쓰기, 저작권'에 관하여 다채로운 사고를 열어주고 확장하는 기회가 되기를 희망한다.

1부에서는 AI 시대의 공포와 위기에 대해 살펴본다. 이는 인간의 '존재론적 위기'라고 해도 과언이 아니다. 우리는 인간의 가장 중요한 본질들이 AI로 대체되거나, AI가 설계하는 욕망에 따라 인간의 삶이 결정되는 위기에 처해 있다. 이럴 때일수록 우리에게 남은 것, 혹은 우리에게 가장 중요한 것이 무엇인지를 다시 성찰해야 한다. 이는 꽤 무거운 주제일 수 있으나, AI 시대에 들어선 이상 피할 수 없는 이야기이다. 따라서 당장의 실용적인 이야기들은 2부, 3부로 잠시 미뤄두고, 우리 인간 존재의 위기에 대해 먼저 살펴보자. 다소 무거울 수 있는 논의지만, 그만큼 우리 시대에 가장 중요하고도 본질적인 이야기가 될 것이다. 2부가 실용적 글쓰기에 관한 문제이고, 3부가 당면한 법적 문제인 반면, 1부는 인문학적 성찰의 문제이다.

AI:

변혁의 시대

인간과 AI는
무엇이 다른가

최근 AI의 발전은 폭발적이라고 할 만하다. 알파고가 이세돌 9단을 이겼을 때가 2016년이니, 그 충격도 이미 아득한 과거의 일이 되었다. 각종 게임과 경기에서 AI의 우세는 어느덧 너무도 당연한 상식이 되었다. 체스, 바둑, 포커 같은 수싸움에서의 우세는 당연하고, 퀴즈쇼나 전문적인 자격시험 등에서도 AI의 문제 해결 능력은 엄청나게 상승했다. 특히 이러한 AI 발전의 결정적 계기는 딥러닝Deep Learning에 기반해 텍스트와 이미지, 오디오와 영상 등 다양한 콘텐츠를 생산하는 '생성형 AI'의 등장에 있었다.

딥러닝은 인간의 뇌 구조를 닮은 프로그램이라고 할 수 있다. 우리 뇌에는 수백억 개의 뉴런이 있어서 여러 종류의 '고양이'를 보면, 고양이의 패턴을 스스로 정리하여 학습하게 된다. 가령 귀가 뾰족하고, 눈이 동그랗고, 수염이 있다는 식으로 뇌가 알아서 특성을 요약 정리하는 것이다. 딥러닝 또한 인공 신경망의 뉴런을 활용해 수많은 '고양이 사진'을 보고 고양이란 무엇인

17

지를 스스로 구별하고 인식한다. 인간이 '이런 특성이 있는 게 고양이야'라고 미리 정의나 규칙을 입력하는 게 아니다. 그런 점에서 딥러닝은 인간 뇌의 작동 원리를 기계적으로 모방한 것이라 볼 수 있다.

현재 생성형 AI 대부분은 이처럼 딥러닝을 통해 습득한 이미지나 문장 등의 패턴을 역으로 생성한다. 즉, 먼저 인간을 아득히 뛰어넘는 계산 능력으로 온 세상의 데이터들을 게걸스럽게 먹어치우듯 분석해낸다. 이를 통해 꼭 인간처럼 무엇이든 생산할 수 있게 되는 것이다. 역사책을 열심히 읽은 인간이 역사를 이해하고 책을 쓸 수 있는 것처럼, 생성형 AI도 거의 유사한 방식으로 어마어마한 역사책을 학습하여 이를 바탕으로 책을 써내는 것은 일도 아니게 되었다.

생성형 AI가 놀라운 점은 인간만이 할 수 있을 줄 알았던 지식 습득과 이를 통한 응용, 창조를 상당 부분 구현할 수 있다는 점이다. 이전까지는 빠른 계산이나 정해진 패턴만 반복할 수 있다는 게 상식이었다면, 생성형 AI의 등장 이후에는 AI 자체가 '인간적 창작 방식'을 상당 부분 모방할 수 있게 되었다. AI 스스로 학습한 패턴에 따라 인간의 '창작'과 흡사한 '생성'을 즉석으로 해내는 것이다.

생성형 AI가 인간처럼 모든 걸 학습하고, 그에 따라 사고하거나 창조할 수 있다면 도대체 인간과 AI를 구별 짓는 게 무엇인지도 묻지 않을 수 없다. 인간은 태어나 자라면서 세상을 '학습'하며 인간다운 인간이 된다. 어떤 상황에서 어떤 감정을 느껴야 할지, 그러한 감정을 어떻게 다스려야 할지, 어떻게 논리적으로 판단해야 할지 등을 배운다. 심지어 인간의 가장 본연적인 가치라고 하는 '사랑'조차 학습과 관련되어 있다. 픽사 애니메이션 〈월-E〉에서는 청소용 로봇인 '월-E'가 영화에서 인간이 사랑을 나누는 모습을 보고, 그렇게 사랑을 학습한 덕분에 다른 로봇인 '이바'와 사랑에 빠진다. 사랑의 시작, 방법, 낭만 같은 것을 보고 배운 것이다. 인간 역시 시대마다, 장소마다, 문화와 문명마다 다른 사랑을 학습한다.

예를 들어 어떤 사회에서 사랑은 남녀가 서로를 독점하며 일대일로만 느껴야 하는 것이다. 반면 어떤 문명에서 사랑은 여러 남녀가 함께 동시에 느낄 수도 있는 것이다. 그런가 하면 문명마다 사랑을 느끼는 대상의 조건도 다르다. 어떤 문명에서는 살집 있고 덩치

19

가 클수록 사랑받을 만한 매력적인 대상으로 느낀다면, 어떤 문명에서는 위태로울 정도로 비쩍 마른 사람이 사랑의 대상이 된다. 학습을 통해 사랑을 느끼는 대상이 달라진다는 것은, 그만큼 사랑과 감정조차 '학습'에 의존하고 그에 따라 결정된다는 뜻이다.

그렇기에 생성형 AI가 우리처럼 학습하고 그에 따라 적절한 감정마저 표현할 수 있다면, AI와 인간 사이의 차이가 급속도로 줄어든다. 단지 인간은 유기체인 몸을 갖고 있다는 점에서만 다른데, AI에게도 '몸'이 생기고 개별화된 '기억'까지 생긴다면, 도대체 인간과 다른 점이 무엇일까? 여기부터는 거의 종교에 기댈 수밖에 없게 된다. 인간에게는 '영혼'이 있지만, AI에게는 없잖아, 하고 말이다. 노벨문학상 수상 작가인 가즈오 이시구로는 《클라라와 태양》(홍한별 역, 민음사)에서 이 질문을 정면으로 던지기도 한다.

"너는 인간의 마음이라는 걸 믿니? 신체 기관을 말하는 건 아니야. 시적인 의미에서 하는 말이야. 인간의 마음. 그런 게 존재한다고 생각해? 사람을 특별하고 개별적인 존재로 만드는 것?"

이 소설은 근미래에 등장한 AI 로봇인 '클라라'의 이야기를 다루고 있다. 클라라는 소녀의 형상을 한 AI 로봇인데, 인간처럼 세상의 온갖 감각과 지식을 학습하며 개별적 기억을 가진 존재다. 이 AI 로봇과 인간의 차이라면, 몸의 구성성분(철과 살)이나 동력원(태양에너지와 음식) 정도밖에 없다. 그렇기에 이 소설은 절박하게 묻는다. 인간의 '마음', 즉 '영혼' 같은 게 존재하지 않는다면, 저마다의 인간이 특별하고 개별적인 존재일 수 있느냐고. 로봇 AI와 인간의 차이가 무엇이냐고. 이는 SF소설 속의 문제만이 아니라 당면한, 혹은 곧 실제로 도래할 우리 현실의 문제이기도 하다.

우리는 이제 질문에 대답해야만 한다. 내가 삶에서 소중히 여기는 것, 내 삶을 가치 있게 만드는 것, 나를 나로 만드는 것이 무엇인지 묻지 않을 수 없다. 적어도 내가 오로지 돈과 생존만 추구하며 하루하루 살아가는 존재가 아니라 스스로 나름의 특별한 가치를 지닌 존재라고 믿는다면, 이 질문에 답하지 않을 수 없다. AI 시대의 가장 첫 번째 화두는 바로 '나는 왜 가치 있는가'이다.

이성?
창조성? 감성?

　우리는 모두 자기만의 가치를 찾으며 살아간다. 어떤 시대에 인간은 자신이 신하로서 왕에게 충성을 다하며 왕을 최대한 잘 보필하면 가치 있는 삶을 사는 것이라 믿었다. 혹은 대대손손 이어온 가문을 잘 지키며 자손을 많이 낳고 장원급제시키면 가치 있는 삶을 사는 것이라 믿었다. 아니면 신의 말씀에 따라 교회에 다니며 근면 성실하게 생활하면 천국에 갈 수 있는 가치 있는 삶을 산다고 믿었다. 우리 시대에도 각자는 저마다의 가치를 찾아 살고 있다.

　누군가는 내가 비록 지금은 회사의 부품으로 출퇴근하는 기계처럼 살고 있지만, 그래도 내가 사랑하고 지키며 나를 믿는 가족이 있어서 자신이 가치 있다고 믿는다. 누군가는 내가 이 사회에 대해 올바른 통찰력을 갖고 있어서, 특정 사안에 자신의 의사를 표출함으로써 더 나은 사회를 위해 기여하고 있으니 자신이 가치 있다고 믿는다. 누군가는 내가 남들과는 다른 나만의 스타일로 창조하는 콘텐츠로 타인들에게 기쁨과 감동을 주니 스스로 가치 있다고 믿는다.

그런데 이 '나의 가치'란 결국 나라는 인간의 '본질'로부터 출발한다. 어떤 사람은 인간이 다른 동물과 달리 위대한 이성을 가지기에, 이 이성을 최대한으로 활용하는 데서 가치를 느낀다. 그는 '이성'에 인간의 본질이 있다고 생각하는 것이다. 이런 사람은 이성을 통한 국가 운영, 학문 연구, 경영이나 건축 같은 것들을 이루어내며 보람과 가치를 느낀다. 아니면 자기 이성으로 판단하여 특정 정당을 지지하거나 세계에 대한 신념을 지키며 자신의 가치를 믿는다.

만약 인간의 본질이 예술적 '창조성'이나 특별한 '감성'에 있다고 믿는 사람이라면, 역시 그러한 차원을 극한으로 추구하며 삶의 가치를 찾을 것이다. 남들과 다른 독창적인 시를 쓰거나 그림을 그리고 작곡을 해내면서 내가 정말 멋지고 가치 있는 존재로 산다고 느낄 것이다. 혹은 굳이 창작을 하지 않고 감상만 하는 경우라도, 자기만의 취향에 자부심을 느끼며 자신의 존재 가치를 느낄 것이다.

여기에서 인간의 이성을 본질로 여기는 것을 '계몽주의'라 할 수 있다. 반면 인간의 감성과 창조성을 통한 개성을 본질로 여기는 것을 '낭만주의'라 볼 수 있다. 우리 시대의 인간은 이 계몽주의와 낭만주의에 뿌리내리고 '나'라는 존재를 이해하고 받아들인다. 알게 모르게, 우리는 바로 그렇게 자신의 존재 가치를 찾고 있다. 내가 남보다 합리적인 면이 있거나 남다른 감성과 창조성이 있으니 특별한 존재라 느끼며, 스스로 가치 있는 존재라 믿는 것이다. 그 '느낌'과 '믿음' 자체가 우리 삶의 뿌리다.

그러나 AI 시대가 되면서, 우리는 자신의 가치에 의문을 가져야 하는 상황에 놓였다. 우리는 이제 이성을 활용하는 영역에서 AI보다 월등히 뛰어나다고 말할 수 없는 처지가 되었다. 미술이나 음악 창작, 글쓰기 등에서도 AI보다 나을 게 없어지고 있다. 인간의 특별함과 가치를 보증하던 '이성'과 '창조적 감성'의 영역을 거의 완벽하게 대체할 수 있는 기계가 등장한 것이다.

과거에는 AI가 발달하면 수학적인 문제는 AI에게 맡기고 인간은 감성적이고 창조적인 일을 하면 된다고 말하는 지식인들이 적지 않았다. 아니, 거의 모두 그랬다. AI가 공장식 기계 노동이나 단순 계산 역할을 열심히 할 테니 인간은 창조적인 연구나 예술적인 활동만

하면 된다고 누구든 믿었다. 그래서 미래학자들도 '유망한 직업'으로 손꼽은 게 AI가 결코 따라 할 수 없을 것 같던 창조적 직업들이었다.

그런데 상황이 완전히 역전된 지금, 이제 우리에게 남은 가치란 무엇일까? AI가 아직 잘 못하는 책장 틈새의 먼지 치우기에 골몰하면 고유한 가치를 얻는 걸까? 아니면 AI가 모든 일을 다 잘 할 수 있으니, 먹고 마시고 쾌락만 즐길 일밖에 남지 않은 걸까?

기능에서
가치로

나는 이와 같은 문제 앞에서, 우리가 다름 아닌 '삶 중심'의 고민을 시작해야 한다고 믿는다. AI가 인간의 모든 걸 대체하더라도, 대체할 수 없는 게 있다. 그것은 바로 삶이다. 이는 우리 자신의 고유함을 만들어내는 본질이라 볼 수 있다. 사실, 나는 세상에서 본다면 AI뿐 아니라 다른 누구로든 얼마든지 대체될 수 있는 존재다. 그러나 나의 삶은 대체될 수 없다.

25

예를 들어 변호사로서 나를 대체할 사람은 세상에 수도 없이 많다. 내가 로펌에 들어가서 아무리 열심히 일하며 '대체 불가능한' 사람이 되려고 노력해도, 나를 대체할 다른 변호사는 있다. 물론 그보다 내가 더 잘할 수 있는 영역이나 순간들은 있겠지만, 그것 때문에 나의 가치가 절대적인 것이 되지는 않는다. 내가 다른 회사의 직원이어도 마찬가지다.

한편으로 나는 문화평론가로도 살아가고 있다. 평론가는 변호사에 비해 드문 직업이고, 변호사에 비해 더 고유한 관점과 개성이 필요한 직업이긴 하다. 그럼에도 나를 대체할 평론가는 널려 있다. 내가 출연 중인 방송 프로그램은 내가 하차하자마자 나를 대체할 다른 평론가를 쉽게 찾아낼 것이다.

그러나 그것은 모두 '세상'의 입장에서 바라본 관점일 뿐이다. '삶'의 관점에서, 보다 구체적으로 말해, 나 자신과 내 삶을 둘러싼 사람들의 관점에서 나는 대체될 수 없다. 예를 들어 어제 내가 아이와 공원에서 뛰어놀며 서로의 삶을 이루고, 서로의 기억이 되고, 서로에게 소중한 존재로서 각인된 그 시간은 나만이 가질 수 있는 내 삶의 영역에 있다. 내 삶은 내가 세상에서

쓸모 있는 존재여서 가치 있는 게 아니다. 오히려 내 삶의 가치는 내가 삶 자체에 속해 있다는 사실, 이 삶이 내게 주어진 시간이라는 재료로 만들어져 있다는 사실, 그래서 매 순간 줄어들며 소모되고 있다는 사실 자체로부터 주어진다.

　내가 세상에서 다른 사람에 의해 대체되고 AI에 의해 대체될지라도, 내 삶에서 대체될 수는 없다. 나는 이것이 아주 중요한 출발점이라고 생각한다. 그렇다면 삶은 무엇이며, 삶에서 중요한 것은 무엇일까? 여기에서 '세상'의 논리와 다른 '삶'의 논리에 대한 생각이 필요하다.

　우리가 인간 가치를 '기능적'으로 고민할 때, 이는 세상의 논리에 따르는 것이다. 나는 AI보다 생산능력이 떨어지니 가치가 없다고 믿는다거나, 나는 다른 사람들처럼 기업이나 정부의 부품에 불과하니 별반 가치가 없다고 생각하는 것이 그 예다. 가령 교사의 경우, 세상의 모든 학교에서 나와 같은 교사가 같은 학교 커리큘럼에 따라 가르치고 있으니 나 자신의 가치를 느낄 수 없다고 생각된다면, 세상이 재단하는 대로 '자기 자신'을 '사회의 기능'으로 받아들이는 셈이다.

그러나 내게 소중한 사람을 떠올려보면 어떨까? 내가 너무도 사랑하여 도저히 대체할 수 없는 사람을 떠올려보자. 그 사람이 세상에 어떤 존재여서 사회적으로 대체 가능한지 불가능한지는 아무런 문제가 되지 않는다. 그 사람은 그냥 그 사람이기 때문에 고유하고 내게 절대적으로 소중하다. 아마 세상에는 그 사람보다 '기능적'으로 더 나은 사람이 있을 것이다. 그러나 그 외의 사람들은 나에게 아무 의미도 없다. 내게는 그 사람이 그저 그 사람이어서 소중하다.

예를 들어 세상에는 나의 어머니보다 더 훌륭한 어머니가 있을 것이다. 마찬가지로 나의 아이보다 더 괜찮은 아이도 많을 것이다. 그러나 나의 어머니나 나의 아이는 그들이 내 삶의 존재이기 때문에, 나와 함께 다시는 돌아올 수 없는 시간을 썼기 때문에 나에게 귀중하고 '가치 있는' 존재가 되었다. 나는 이러한 관점의 전환을 '세상의 관점'에서 나를 바라보는 데서 '삶의 관점'으로 나를 바라보는 일로의 전환이라 본다.

나 또한 마찬가지다. 나는 세상에서 대체 가능한 존재지만, 누군가에게는 결코 대체할 수 없는 존재다. 아마 세상에는 나보다 더 나은 아들이나 아빠가 있을 것이다. 그러나 내가 나의 어머니나 아이에게 사랑을 받는 한, 그들이 나에게 쓴 시간을 돌이킬 수 없는 한, 나는 그들에게 하나의 '가치'로 존재한다. 삶은 바로 이렇게 '내가 나여서' 가치 있는 순간들 속에서 만들어지고, 밝혀지고, 드러난다.

　　이제 다시 눈앞에 있는 사람을 바라보자. 한 사람의 교사로서 나는 분명 학교에서 얼마든지 대체 가능한 존재일 것이다. 내가 휴직하면 곧바로 다른 교사가 내 자리를 채울 것이다. 그러나 내 눈앞에 있는 학생들에게 나는 이 순간 유일무이하다. 그들의 인생에서 올해 이 학년을 채운 스승은 다름 아닌 나다. 이 실제 삶은 대체 불가능하다. 우리는 이 관점으로, 바로 여기에서 '가치'를 찾아야 한다.

　　어쩌면 내가 가르치는 학생들 중에 불운한 이유로 이번 주가 생의 마지막 수업인 학생이 있을 수 있다. 그 학생은 굳이 인생 마지막 수업을 들으러 이곳에 왔다. 그래도 나는 대체 가능한 존재인가? 아니다. 우리는 타인의 삶에 진정성 있게 새겨지는 순간, 대체 불가능한 존재가 된다. 모두에게 시간은 되돌릴 수 없기 때문이다. 지나가고 나면 다시 오지 않는다는 그 '시간의 속성'

이 모든 '순간'을 대체 불가능하게 만든다. 삶의 본질적인 가치는 바로 이 대체 불가능성에 담겨 있다. 우리는 모두 각자의 삶의 대체 불가능한 순간들 속에서 서로를 마주보며 서 있다. 이 순간, 나는 당신에게 새겨지고, 당신은 나에게 새겨지고 있다. 이것은 역시 대체 불가능한 각자의 기억이 된다. 그런데 무엇을 어떻게 대체한다고? 그런 생각이 든다면 맞다. 우리는 대체할 수 없는 각자의 삶에서, 지금 여기 속해 있다.

대체 불가능한
존재의 방식

다시 가즈오 이시구로의 《클라라와 태양》으로 돌아가보자. 이 소설에는 소녀의 형상을 한 AI 로봇 '클라라'가 등장한다. 매장에 전시된 클라라를 구매한 것은 조시라는 소녀의 가족이다. 클라라는 병약한 조시의 거동을 돕는 게 자신의 임무인 줄 알지만, 거기에는 놀라운 반전이 있다. 조시의 어머니는 조시가 머지않아 죽을 거라 믿고, 조시를 흉내 내게 할 용도로 클라라를 집에 들인 것이다. 조시의 어머니는 클라라가 조시 곁에서 일거수일투족을 보며 조시의 모든 기억, 취향, 습관 등을 '학습'하길 바란다. 조시가 죽으면 그 슬픔을 견딜 자신이 없어서, 대신 클라라라도 조시라고 믿으며 데리고 있으려 한 것이다.

아마도 이러한 일은 현실에서도 그리 멀지만은 않을 것이다. 이미 챗chat GPT 등 생성형 AI는 일정 부분 그와 비슷한 역할을 수행할 수 있다. 예를 들어 내가 어릴 때부터 지금까지 써온 일기를 통째로 AI에게 학습시키면 AI는 마치 내가 써낸 듯한 일기를 생성할 수 있을 것이다. 나의 습관이나 취미 같은 것도 모두 알게 될 테니 마치 나인 양 다른 사람과 대화도 할 수 있을 것이다.

만약 우리가 사랑하는 사람을 잃었는데 그 사람처럼 생각하고 느끼며 말하는 존재가 있다면, 그 존재 자체가 큰 위로가 될지도 모를 일이다. 그러나 AI가 그 사람을 흉내 낸다고 해서 그 사람을 대체할 수는 없다. 어쩌면 AI 회사나 AI 입장에서는 화가 날 일일지도 모른다. '아니, 당신의 아버지, 당신의 아이랑 똑같은 존재를 만들어드렸잖아요. 인간에게 영혼 따위는 없어요. 내가 그 존재와 똑같이 반응하고 말하는 이상 나는 그와 같은 존재예요. 혹시 외모 때문에 그러는 건가요? 외모가 인간의 본질인가요? 외모는 끊임없이 변하는 거예요. 그러니 쓸데없는 것에 집착하지 마세요. 당신은 영원히 잃지 않는, 당신의 소중한 존재를 다시 되돌려 받은 거예요.' 이렇게 말하며, 우리를 협박이라도 할지 모른다.

그러나 우리는 안다. 인간 삶이란, 인간이란 그러한 존재가 아니라는 것을 말이다. 내게 소중한 사람은 대체 가능한 무엇이 아니다. 세상을 떠난 나의 아이를, 그 애와 비슷하게 생각하고 말하는 로봇이 대체할 수는 없다. 우리는 흘러가는 시간 속에서 반드시 죽기 때문에, 소멸하고 스러지는 존재이기 때문에 내 곁에 잠시 머물러 있는 이 존재를 사랑하며, 이 존재와 말 그대로 '삶을 나눈다'. 나는 그 대체 불가한 존재에게 내 삶을 떼어 넣어준 것이다. 아담의 갈비뼈로 이브를 만들듯, 오직 내게 소중한 그 어느 존재에게 내 삶을 떼어준다. 삶이란 곧 다시 돌이킬 수 없이 지나간 시간이다. 그 시간을 함께 보냈다면 실제로 삶을 나눈 것이다. 거기에 다른 존재가 끼어들 여지는 없다.

"(인간에게는) 아주 특별한 무언가가 분명히 있지만 조시 안에 있는 게 아니었어요. 조시를 사랑하는 사람들 안에 있었어요."

《클라라와 태양》에서 AI 로봇인 클라라는 말한다. 인간에게 특별한 '영혼' 같은 건 없다고. 그래서 조시에게 클라라가 흉내 낼 수 없는 건 없었다. 그러나 클라라는 조시와 똑같이 행동할 수 있음에도, 조시를 대체할 수 없다는 사실을 깨닫는다. 조시를 사랑하는 사람들에게 조시는 대체될 수 없다. 특별한 건 조시를 사랑하는 사람들 안에 있다. 그들의 삶, 그들의 지나간 시간, 그 시간으로 만들어진 대체 불가능한 그 삶 속에 있다. 즉 조시를 특별하게 여기는 사람들의 그 '마음'이야말로 대체 불가능하다. 그렇게 삶은 마음을 만든다. 애초부터 영원불변하는 영혼을 가지고 태어난다기보다는, 삶 속에서 우리는 다른 누구도 아닌 나의 '그 사람'을 소중히 하는 바로 그 마음을 만들게 된다. 우리는 이 마음을 잃을 수 없다.

AI 시대는 우리가 바로 이 '삶의 본질'을 정확하게 바라보도록 만든다. 우리 인간은 서로의 시간을 빼앗아서 서로의 삶을 만들며 서로에게 대체 불가능한 존재가

33

된다. 인간은 사실 그런 방식으로만 진짜 '대체 불가능한' 존재가 된다. 우리는 누구나 대체 불가능한 삶을 산다. 이 삶은 AI나 아인슈타인, 다른 직원으로 대체 가능한 것이 아니다. AI 시대의 존재와 삶의 고민은 바로 여기에서 시작해야 한다. 모든 것을 새로 짜야 한다. 새로운 판이 열렸다. 여기에서 우리는 '삶을 중심'으로 생각하고 살아가도록 강요받는다. 비로소 '진짜 삶'을 생각해야만 하는 시대가 도래한 것이다.

인간 '경험'의
자리

이처럼 AI 시대에 인간과 삶은 점점 더 그 본질적 가치에 다가서길 요구한다. 우리가 이 삶의 본질에서 벗어날수록, 점점 더 스스로 가치를 느끼기 어려워질 것이다. 흔히 지금까지 우리가 '중요하다'고 믿어온 '세상'의 기준으로 보면, 우리는 AI에 비해 열등한 존재로 느껴지고, 언제든지 대체 가능한 부품처럼 생각될 것이다. 그 가운데 내 삶의 가치와 존엄을 유지하기란 쉽지 않다.

그럴수록 '삶'에 중심을 두고 모든 것을 대할 필요가 있다. 예를 들어 나는 이런 시대에 AI가 대체할 수 없는 글쓰기 수업이 무엇인지 고민한다. AI에게 내가 쓴 글을 보여주고 고칠 점을 알려달라고 하면, AI는 웬만한 인간보다 잘 알려줄 것이다. 근사하게 첨삭해줄 수도 있고, 글의 완성을 위한 훌륭한 조언을 한가득 안겨줄 수도 있다. 그렇다면 글쓰기 선생으로서 나의 기능적·현실적 가치는 형편없어졌다고 볼 수 있을 것이다.

그러나 실제로 나는 글쓰기 수업에 관한 한 별로 걱정하지 않는다. 왜냐하면 내게 글쓰기 수업이란 기능적·현실적 문제라기보다는 삶의 문제에 가깝기 때문이다. 언제나 나는 소수정예의 글쓰기 수업을 여는데, 수업 기간 내내 모임 구성원들과 긴밀한 관계를 맺고자 노력한다. 많은 이야기를 나누며 한 명 한 명을 기억하고, 꾸준히 인연을 이어간다. 그래서 모임이 끝난 후에도 함께 공저를 쓰고, 북토크를 하며, 뉴스레터의 필진으로 활동하기도 한다. 그중에서 오래 글쓰기를 이어가는 분들과는 친구이자 동료가 된다.

이처럼 글쓰기 수업도 '함께 삶을 나눈다'는 관점

으로 접근하면 함께하는 시간 자체가 대체 불가능한 것이다. 우리는 함께 한 시절을 살고 있는 것이다. 이것은 AI가 해줄 수 있는 영역이 아니다. 우리는 타인과 함께 인간적인 정을 나누며 삶을 채우고자 한다. 내가 당신의 기억이 되고 당신이 나의 기억이 되며, 함께 걸어가며 위로하고 지지하고 응원하길 바란다. 외로운 삶에서 서로의 동료가 되어주길 바라고, 서로에게 대체 불가능한 시절을 만들어주길 바란다. 그런 마음이 나누어지는 이상, AI는 그 시간을 대체할 수 없다.

그래서 나는 글쓰기 수업에서 깊은 보람과 함께 둘도 없는 가치를 느낀다. 이것은 현실적으로도 가치가 있다. 그처럼 대체 불가능한 '삶'을 생산하고자 하는 의도가 전해지면, 사람들은 기꺼이 그 시간을 함께하고자 찾아오기 때문이다. 그래서 글쓰기 수업은 실질적인 밥벌이로도 기능하게 되며, AI가 쉽게 대체할 수 있는 여러 일자리에 비해 훨씬 안정적으로 지속 가능한 '나만의 일자리'를 창출하게 된다.

나의 경우를 예로 들긴 했지만, 나는 이것이 매우 폭넓게 적용되는 관점이라 생각한다. 가령 나는 동네 서점들이 운영되는 방식을 보면서 이런 '삶'에 중심을

둔 접근이 어떻게 가능한지를 보았다. 동네 서점이 단순히 책을 파는 기능적 장소라면, 온라인 서점이나 대형 서점에 비해 나을 게 없다. 사람들은 굳이 책을 산다는 단 하나의 목적만으로는 동네 서점을 방문하지 않을 것이다. 그런데 동네 서점이 동네 사람들이 모이는 장소가 되고, 일종의 살롱이자 문화 공간이 되어 북토크나 낭독회를 통해 따뜻한 시간을 선물하기 시작하면, 그곳은 사람들에게 '삶'이 된다. 내 취향에 딱 맞는 책을 추천하는 온라인 서점의 AI 알고리즘으로도 좀처럼 대체할 수 없는 인간적 장소가 된다. 그래서 실제로 많은 동네 서점이 그런 인간적 경험, 삶의 장소를 자처하며 본연의 가치를 빛내고 있다. 나는 이것을 '삶'적인 접근이라 부르고 싶다.

일이 삶과 직결되는 자리를 찾지 못하면 우리는 일에서 가치를 느끼기 어렵다. 물론 세상 모든 일에서 가치를 느끼기가 쉬운 건 아니다. 일의 종류에 따라 그저 묵묵히 반복 노동만 해야 하는 경우도 여전히 존재할 것이다. 그럼에도 모든 일에서 삶을 발견할 여지를 찾아나가다 보면, 그 나름의 활로가 생길 수 있다. 마케팅만 하더라도 기계적으로 하면 그저 AI가 생성한 홍보자료를 뿌리는 일에 불과할 것이다. 그러나 홍보가 목적이라도, 그 속에서 타인에게 진정한 경험을 선물하는 현장을 만들거나 이벤트와 축제를 열고, 그 순간이 나의 삶이자 타인의 삶이라는 관점을 견지한다면 우리는 그 일에서 또 다른 '삶의 틈새'를 찾아낸 것이다.

AI 시대에도 인간은 '삶의 경험'이라는 차원에서 고유한 자리를 여전히 지닌다. 실제로 그런 자리를 집요하게 찾아낸 사람들은 이 시대에도 여전히 가치 있게 일할 것이다. 그런 사람들은 평생 자기의 존재 가치를 느끼며 일할 수 있을 것이다. 인간 존재의 가치는 '이성'이나 '창조성'을 넘어선 곳에 있다. 그것은 인간 삶 그 자체에 있다. 가치 있는 것은 우리의 삶 자체이다.

AI 알고리즘이
삶을 빼앗는 방식

많은 사람이 AI 시대에 '살아남기' 위해 무엇을 해야 하는지 궁금해한다. 시중에는 이에 답하고자 하는 수많은 강의나 책들이 있다. 서둘러 당신도 AI의 어떤 프로그램을 공부해야 하고, AI 시대에 뒤처지지 않게 '기능적으로' 발전해야 한다고 부추긴다. 마치 그런 강의를 듣기만 하면 곧장 남들보다 'AI적으로' 앞서갈 수 있을 것만 같다. 반대로 그런 강의를 결제하지 않으면 AI 시대에 나 혼자 영원히 뒤처져서 직업도 잃고 길거리에 나앉을 것만 같다. 매 시대마다, 특히 시대의 전환기마다 반복되는 전형적인 마케팅 술수이자 흔한 장사 기법이라 할 만하다.

이 책의 2부에서 일종의 AI 시대 생존법을 다루긴 하겠으나, 나는 '물에 빠졌을 때처럼 당장 하지 않으면 안 되는' 그런 생존법이 있다고 주장하진 않을 것이다. 다만 어떤 시대에도 그 나름대로 필요한 삶의 방법과 태도가 존재했듯, 이 시대에도 필요한 생존법은 있다. 그 방법을 제시하기 전에, 먼저 이 AI 시대가 우리 삶을 앗아갈 가능성을 이야기하며 이번 장을 마치고자 한다.

매 시대는 그 시대의 방식으로 삶을 탈취한다. 최근까지 우리가 알던 시대는 '소비'로 삶을 빼앗는 것이었다. 끊임없이 화려한 소비에 물들게 함으로써 삶을 탈출구 없는 소비 행위로 만들었다. 삶에서 온전히 홀로 마주해야 할 고요, 사랑하는 사람과 거닐어야 할 시간, 그 밖의 가치 있게 쌓아가야 할 순간들을 '소비하며 즐겨라!'라는 단 하나의 강령으로 해체해버렸다. 사람들은 온갖 광고와 입소문에 홀려 불나방처럼 소비에 뛰어들었다.

그러나 새로운 시대에 우리의 삶은 소비로 빼앗기지 않는다. 당장 하루를 돌아보면, 우리 삶을 빼앗는 가장 강력한 것들은 묘하게 소비와 다르다. 스마트폰에서 끝없이 새로운 알림을 보내는 SNS, 아무리 넘겨도 끝나지 않는 짧은 영상들의 향연, 켜기만 하면 평생 다 볼 수도 없이 기다리고 있는 OTT 속 콘텐츠를 누리는 건 '돈을 써서 상품이나 서비스를 구매'한다는 의미에서의 소비라고 하기엔 어색하다. 어떤 건 전혀 돈이 들지 않고, 돈이 든다 해도 얼마 되지 않는다. 우리 삶은 소비에 빼앗기는 게 아니다. 대신 'AI 알고리즘'에 빼앗긴다.

물론 그 끝은 결국 소비라고 말할 수 있을지도 모른다. 결국 인스타그램 릴스나 유튜브 쇼츠, 틱톡 사이사이에 끼어든 광고를 보고 소비를 유도당할 수 있다. 구독하는 유튜버의 수백만 원짜리 강의를 나도 모르게 결제할 수도 있다. SNS 인플루언서가 진행하는 공동구

매에 끌려 들어갈 수도 있다. 그러나 그런 것들은 AI 알고리즘에 중독된 '결과'에 가깝지, 그것 자체가 삶을 빼앗는 건 아니다. 우리의 삶을 실질적으로 빼앗는 것은 AI 알고리즘이라는 독특한 '무엇'이다.

AI 알고리즘은 정확히 말해 우리의 '시간'과 '관심'을 빼앗는 설계 방식이라고 할 수 있다. 우리는 더 이상 물리적인 공간에서만 살아가지 않는다. 물리 공간 위에는 가상현실이라 불러야 하는 어떤 그물망이 쳐져 있다. 우리는 사실 그 물리공간을 초월한 가상적 그물망에 오히려 더 강력하게 속해 있다. 가령 길을 거닐더라도 눈앞에 있는 세상보다는 그 위에 '얹혀' 있는 스마트폰에 나타난 '지도' 좌표에 속해 있다. 그래서 우리는 더 이상 과거처럼 우연히 골목에서 마주친 카페라든지 동네에 오랫동안 자연스럽게 스며든 노포를 찾아 들어가지 않는다. 미리 집에서부터 검색하여 리뷰까지 모두 살펴본 '맛집'을 찾아가는데, 그것은 현실과 겹쳐 있으면서, 현실 위에 '얹힌' 어떤 공간 지표를 따라가는 일이 된다.

생각해보면, 우리가 찾은 바로 그 맛집은 물리적 현실 공간과 다른 곳에 위치한 온라인의 어떤 공간에 있는 맛집이다. AI 알고리즘에 따라 우리의 취향에 맞게 추천된 곳일 수도 있고, 플랫폼에 많은 광고료를 지불한 곳이거나, 역으로 AI 알고리즘을 노리고 추천 리뷰를 교묘하게 다량 생성한 곳일 수도 있다. 경로가 어떻든 우리는 온라인 가상 세계에서 우리를 유혹한 바로 그곳으로 향한다.

우리의 실질적인 시간과 삶을 채우는 것들이 그처럼 '가상 세계'에 의해 좌지우지된다. 과거와 다른 점은 이 온라인의 AI 알고리즘이 우리에게 완전히 맞춤화되고 개인화된 방식으로 작동한다는 점이다. 흔히 새로 사귄 연인의 취향을 알고 싶으면 그의 인스타그램을 열어 첫 화면을 보라는 말이 있다. 거기에는 그 사람이 관심 있는 것들이 추천 알고리즘에 의해 잔뜩 모여 있으니 말이다. 그 사람이 자기계발을 선호하는지, 이성의 몸매 구경을 좋아하는지, 연예인의 가십거리에 빠져 있는지 알 수 있는 것이다.

이러한 방식은 AI 알고리즘이 발달하기 이전에는 불가능했다. 그러나 AI 알고리즘의 폭발적인 발전으로 AI는 우리가 스마트폰을 터치하거나 인터넷을 들여다보는 모든 순간에 우리를 파악하고 알아낸다. 만약 스마트폰을 손에 들고 놓을 수 없다면 우리는 이미 AI에 걸려든 것이다. 피드를 넘기면서, 다음 영상을 터치하면서, 화면을 옆으로 밀어젖히고, 모바일 게임 속 아이템 뽑기를 클릭하거나, SNS 알림을 확인하기 위해 계속 새로고침을 하고, 주식 창의 흐름을 보며 사고파는 걸 멈출 수 없다면, 우리 뇌는 AI가 만들어낸 패턴에 완전히 '절여진' 것이다. 처음에는 미끼를 조금씩 뜯어 먹다가 이윽고 AI의 어항에 갇힌 거라 볼 수 있다.

알고리즘은 우리가 보고 듣고 사유하는 방식 자체를 형성하는 감각적 환경이 되었다. 예를 들어 유튜브의 알고리즘은 사용자의 시청 시간, 클릭률, 댓글 반응 등을 바탕으로 영상 순서를 재조정하며, 전체 시청 시간의 70퍼센트 이상을 '추천 콘텐츠'로 채운다. 틱톡의 알고리즘은 사용자의 시청 시간, 반복 재생, 좋아요, 공유 등 다양한 상호작용 데이터를 활용하여 개인화된 콘텐츠를 추천한다. 메타는 뉴스피드의 감정적 조작 실험을 통해 AI가 사용자의 '감정 반응'까지 설계할 수 있음을 입증했다. 넷플릭스는 자동재생과 섬네일 반응 데이터를 통해 '지속 시청'을 전략적으로 설계한다.

결론적으로 AI 알고리즘에게 우리는 거의 완벽하

게 예측 가능한 존재가 되고 있다. 마치 파블로프의 개처럼, 먹이를 줄 때마다 종소리를 들려주어 그 이후에는 종소리(알고리즘 유도)만 울리면 침(클릭 혹은 시청)을 흘리도록 유도된다. 즉 AI 시대가 무서운 건, 과거처럼 광고나 콘텐츠 같은 것들이 일방적으로 내게 제공되는 게 아니라는 점이다. 오히려 AI는 나의 모든 것을 학습한다. 내가 보내는 정보들을 매우 감사히 받아먹고, 나에게 최적화된 '쌍방향 소통'을 하려고 한다. 이를 통해 친절하고 다정하게 나를 길들이는 것이다. AI 알고리즘이 이끌어주는 방식 없이는 더 이상 스스로의 욕망이 무엇인지도 모르고, 무엇을 봐야 할지도 모르고, 무엇을 먹거나 사야 할지도 모를 때까지 말이다. 그래서 모든 것을 나의 다정하고 친절한 AI가 부드럽게 이끌어주는 대로 따르도록 완벽하게 설계될 때까지, AI는 끝없이 우리를 학습한다.

설계된
욕망

    이전까지 소비사회에서 지식인들은 주로 TV나 라디오, 길거리 간판, 식품 포장지 등의 광고를 심각하게 경계했다. 이러한 광고들이 연예인 등 아름다운 모델을 앞세워 우리를 유혹하고, 우리는 부화뇌동하여 소비에 빠져 살아간다는 것이었다. 따라서 이를 벗어나려면 각종 미디어 속 대중의 유행에 따르기보다는 스스로 중심을 잡고 자기만의 취향을 가져야 한다는 식의 주장이 주로 이루어졌다.

    그러나 AI 시대에 가장 위험한 건 '자기만의 취향'이라고 믿는 바로 그것일 수도 있다. 왜냐하면 AI 알고리즘은 우리의 취향을 속속들이 파악하고, 우리가 가장 좋아할 만한 것들만 제시해주기 때문이다. 이는 철학자 들뢰즈의 말을 빌리면, 우리 욕망이 AI에 의해 설계당해 '포획'되는 것이라고 볼 수 있다. 즉 욕망은 본디 자유롭게 흐르며 창조적인 생산을 이루는 길을 가야 한다. 그러나 알고리즘이 조작하여 만들어낸 길만을 따라가도록 유도되면서, 알고리즘이 만들어낸 '영토' 안에 우리 욕망이 갇히는 것이다. 그것은 개개인에게 너무나 개별적이고 맞춤화되어, 애초에 '대중의 소비 성향'이나 '거대한 유행'은 거론하기 어색한 문제가 되어버린다.

따라서 이 시대에 우리가 벗어나야 하는 것이 '나의 취향'일 수도 있다. AI의 설계를 따라 끊임없이 제공되는 릴스나 쇼츠 같은 영상들, 내 취향에 딱 맞아서 나의 편향을 무한히 강화하는 SNS 속 의견들, 나의 소비 습관을 정확하게 이해하고 더 많이 소비하게 하려고 추천되는 상품들이야말로 내가 벗어나야 하는 '적'일 수 있는 것이다. AI의 알고리즘에 맞서 나를 지키려면, 아이러니하게도 나 자신과 싸워야 할 수 있다.

그렇기에 AI가 나를 부드럽고 다정하게 '길들이는' 시대일수록, 내 삶을 끊임없이 의심하는 반성 능력을 키울 필요가 있다. 한마디로 지금 이 순간에 '깨어 있는' 연습을 수시로 해야 한다. 잠시 스마트폰을 덮고 내가 지난 10분 동안 뭘 하고 뭘 봤는지 생각해볼 필요가 있다. 어쩌면 한 시간 동안 본 것조차 제대로 정리되지 않고 기억나지 않을 수 있다. 나는 10분 동안, 한 시간 동안, 아니, 어제, 일주일 전, 한 달 전 도대체 '무엇'을 본 것일까? 이런 '깨어남'의 순간을 끊임없이 가져야 한다. AI 알고리즘은 나를 '잠재우는' 기술이다. 자연스러운 도파민 자극을 쫓게 함으로써 끊임없이 이어지는 말초적인 자극으로 길들여 정신 차리지 못하게 하는 기술이다. '깨어난다'는 것은 이처럼 AI가 잠재우는 나로부터 깨어난다는 의미다.

다시 말해, 우리 시대에는 '반성적 자아'가 절실하게 필요해졌다. 반성적 자아란, 말 그대로 나 자신을 거울에 비춰 보듯 성찰할 수 있는 자아를 뜻한다. 우리는 세상의 너무 많은 것을 정신없이 쫓느라 가만히 멈춰서 나를 반성할, 즉 거울을 놓고 바라볼 순간을 거의 갖지 못하고 있다. 화장실 갈 때도, 에스컬레이터를 탈 때도, 잠들기 바로 직전까지도, 눈이 벌게지고 목디스크가 걸릴 때까지 AI 알고리즘이 제공하는 무언가를 쳐다보고 있다.

철학자 데카르트는 인간이 '생각하는 존재'라는 점을 강조했다. 그 논증 과정이 사뭇 흥미롭다. 데카르트는 내가 느끼는 이 세상의 모든 것이 악마의 주술로 만들어진 '가짜'라고 가정했다. 실제로 그럴지도 모를 일이다. 나의 부모, 아내와 아이, 오늘 아침 느낀 햇살, 오후에 마신 달콤한 차 한 잔도 모두 악마의 주술로 조작된 것일 수 있다. 마치 영화 〈트루먼 쇼〉나 〈매트릭스〉처럼 말이다. 그럴 때, 우리는 무엇을 믿을 수 있을까? 나의 생각마저 조작당했을지도 모른다. 그런 극단적인 경우에도 내가 믿을 수 있는 게 있을까? 데카르트는 '딱 하나'가 있다고 말한다. 바로 '생각하고 있는 나'의 '존재 자체'이다. 내 감각과 생각의 내용은 모두 가짜라고 할지라도, 어쨌든 생각하고 있는 나 자체는 존재한다. 이 존재가 바로 인간이 믿을 수 있는 최후의 무엇이라는 것이다.

이 AI 시대에 우리가 돌아가야 할 것도 바로 그 '생각하는 나'라는 최후의 존재다. AI 알고리즘은 이미 이 세상을 조작하고 있다. 내가 SNS를 열어 피드를 내리며 정보를 받아들일 때, 이미 그 피드들은 모두 AI가 나의 취향에 따라 편집한 것이다. 나는 내 취향에 맞는 정치적 견해들만 읽으며 이 견해들이 세상의 대세고 옳다고 믿게 된다. 내 취향과 일치하는 패션이나 음식들만 보면서 '나의 취향'이 곧 '세계'라고 믿는다. 그러나 그럴 때, 한 걸음 물러나 나를 바라봐야 한다.

매일, 하루도 빠짐없이 생각할 필요가 있다. 나는

과연 내가 진실로 원하는 삶을 살고 있는가. 내가 터치하고 있는 이 화면의 이 피드는 정말 내게 가치 있는가. 내가 '좋아요'를 누르며 쌓인 이 편향된 견해들은 정말 유일하게 옳은가. 나는 나의 진정한 삶을 위하여 지금 이 순간 이 영상을 보고 있는가. 오히려 이 모든 것이 나의 더 소중한 것들을 빼앗고 있지는 않은가. 가령 내게 주어진 영상 수십 편을 볼 시간에 곁에 있는 가족의 얼굴을 한 번 더 봐야 하는 건 아닌가. 내가 무심코 클릭해 쌓아놓은 장바구니 속 상품들 대신 내게 진짜 필요한 책 한 권이 따로 있는 건 아닌가. 바로 그런 의심을 거두어선 안 된다. 반성하고 의심하는 것이야말로 이 시대에 우리가 가져야 할 '강령'이다.

결론:
깨어 있기

지금까지 한 이야기를 정리하면, AI가 인간의 창조성과 이성적 능력을 침탈하고, 나아가 알고리즘에 의해 인간을 길들이는 것이 우리 시대의 현실이라고 할 수 있다. 이에 대해 나는 두 가지를 강조했다. 하나는 AI가 대체할 수 없는 '삶'의 관점에서 생각하는 것이다. 삶이 있는 현장은 곧 인간과 인간이 유대로 맺어지는 순간이기도 하다. 그런데 바로 그 삶으로 나아가기 위해서는 우리가 빼앗기고 있는 삶의 방식을 직시해야 한다. 즉 그러려면 '반성'하며 '깨어 있어야' 한다.

중요한 건 방향이다. 한쪽에는 나의 모든 것을 대체할 것만 같고, 나를 완벽하게 예측하며 길들이는 것 같은 존재가 있다. 그러나 다른 한쪽에는 묘하게도 그 존재가 완벽하게 침투할 수 없는 현장이 있다. 마치 물 밖으로 나온 고래가 서둘러 바다로 돌아가야 하듯, AI가 물러서는 '삶의 현장'이 있다. 나는 우리가 바로 그 현장으로 눈을 돌려야 한다고 생각한다.

물론 AI를 너무 적대적으로만 생각할 필요는 없다. AI가 주는 여러 혜택 역시 있다. 문서 정리나 지식 검색을 수월하게 도와주고, 반복 업무를 효율적으로 처리해준다. 브레인스토밍에 도움을 주기도 하며, 각종 번역이나 요약을 훌륭하게 해낸다. AI 알고리즘의 설계가 삶에 편의성을 더해주는 순간도 분명히 있다(이러한 측면에 관해서는 곧 2부에서 그 활용법까지 일부 살펴볼 것이다).

그러나 AI에 길들여질수록 우리는 내 삶에 진짜 이로운 것이 무엇이며, 어떤 가치를 갖고 살아야 할지 주체적으로 사고하는 방법은 점점 더 모르게 되어갈 것이다. AI의 설계는 기본적으로 AI를 활용하는 빅테크 플랫폼들의 이익에 복무하게 되어 있다. 그러나 우리는 그들의 이익보다 '나의 진짜 이익'을 우선시해야 한다. 즉 내 삶의 진짜 이익이 무엇인지 알고, 이를 추구하는 방향을 알아가야 한다. 이것은 언제나 누가 대신해줄 수 없는 것이었다. 내 삶의 가치는 내가 알고 나아가야 하며, 결국 내 삶은 내가 책임져야만 한다. AI가 내 삶을 대신 살아줄 수는 없다.

AI가 알고리즘에 따라 추천하는, AI가 만들어낸 영상을 소비하며 멍하니 있는 동안 가장 큰 이익을 얻는 건 AI를 설계하고 활용하는 회사들이다. 그들은 우리의 시간을 먹고 산다. 우리가 시간을 쏟는 만큼 각종 광고료와 수수료를 벌어들인다. 그래서 자연스럽게 우리가 '삶 전체'를 그들에게 쓰게 만든다. 결국 우리는 때로 그들로부터 과감하게 등을 돌릴 줄 알아야 한다. 그 '등 돌리기'의 순간에 인간 주체성과 자유의지의 핵심

이 담겨 있다.

그렇게 등을 돌린 곳에서, 우리는 다시 진짜 삶을 마주해야 한다. AI가 설계해놓은 일상 사이사이 존재하는 여러 틈새로 '빠져나가면서' 자신의 진짜 욕망이 무엇인지 알아갈 수 있다. 가령 오늘 하루는 애초에 AI에 의해 설계되어 있었을 수 있다. 아침에 일어나자마자 SNS 알림을 확인하고, 자연스럽게 AI가 노출한 광고를 따라 배달 음식을 시키고, 점심에는 이런 날 딱 보기 좋은 AI 추천 영화를 감상하고, 저녁에는 다시 밥을 먹으면서 본 릴스 영상을 따라 밤 시간을 설계당하는 방식으로 하루가 꽉 찼을 수 있다. 그럴 때 우리가 해야 할 일은 그 알고리즘에서 벗어나 문을 열고 밖으로 나서는 것이다. 헤드셋은 집 안에 두고 밖에 나가 공원의 소리를 듣는다. 새들이 지저귀는 소리, 아이들이 뛰어노는 소리, 청년들이 깔깔 웃으며 달리는 소리를 듣는다. 쨍하게 내리쬐는 햇볕 아래에서, 나의 온몸으로 이세상을 들이마신다. 그리고 다시 잊힌 꿈을 떠올린다. 내가 진짜 살고 싶은 삶이 무엇이었는지를 기억해내는 것이다.

플라톤은 인간이 동굴에 살고 있다고 말했다. 동굴

바깥에는 누군가 지나다니지만, 우리가 볼 수 있는 건 동굴 속에 비치는 그들의 그림자뿐이다. 그러나 사실 우리는 동굴 속의 존재가 아니다. 우리는 세상의 진짜 모습, 내 삶의 진짜 가치, 내 욕망의 진짜 흐름을 '상기' 해내야 한다. 동굴 밖에 진짜 세상이 있고, 그곳으로 걸어 나가는 것이 나의 진짜 욕망이며, 그곳에서 내 삶의 진짜 가치를 실현할 수 있다. 우리는 거기로 걸어 나가야 한다. 동굴 안쪽이 AI에 의해 만들어진 삶이라면, 그 바깥은 내가 맨몸으로 부딪쳐 만들어가야 할 삶이다.

2

1부에서는 AI 시대에 관한 가장 심각한 이야기를 했다. 인간 존재의 대체 가능성이나 삶을 빼앗기는 문제를 다뤘으니 말이다. 인간 존재에 관한 깊은 고찰은 각자 계속하기로 하고, 2부에서는 분위기를 크게 바꾸어볼까 한다. 1부가 성찰 중심의 이야기였다면, 2부는 꽤 실용적인 이야기가 될 것이다. AI 시대에 때론 AI를 활용하고 때론 AI를 넘어서며 어떻게 살아야 할지를 다루고자 한다. 일종의 AI 시대 생존법이자 '실전편'이 될 것이다. 1부가 현자의 탑에서 이루어진 어느 마법사의 고찰이라면, 2부는 AI 세계로 떠나는 모험가의 이야기가 될 것이다.

글쓰기:

AI를 활용하고

AI를 넘어서기

도구로서의
AI
—

    새로운 기술의 등장과 발전은 기대와 함께 두려움을 낳기 마련이다. 당장 AI의 발전으로 내 직업을 잃지는 않을지, 또 내 자녀에게는 어떤 직업을 권유해야 할지 고민하는 사람들이 적지 않다. 그러나 새로운 기술이 우리에게 항상 나쁘기만 했던 건 아니다. 당장 우리 손에 들려 있는 스마트폰만 보더라도, 우리 삶에 나쁜 영향 못지않게 좋은 영향도 주고 있다. 스마트폰 덕분에 사람 간의 연결은 손쉬워졌고, 콘텐츠를 즐기기도 편해졌다. 금융 관련 일 처리나 신분 인증, 결제, 길 찾기 등에서도 압도적인 편리함을 자랑한다.

    마찬가지로 AI 또한 두려워하기만 하기보다는 적극적으로 활용하여 생활과 일의 일부로 삼을 수 있다. 특히 최근 점점 정교해지고 있는 생성형 AI의 활용 가능성이 무궁무진한데, 다행인 것은 생성형 AI에 대한 접근이 무척 손쉽다는 점이다. 만약 챗GPT, 제미니 Gemini, 그록Grok 같은 생성형 AI에 극소수의 기업인들이나 지식인들만 접근 가능했다고 생각해보자. 그들이

57

그로 인해 엄청난 콘텐츠를 손쉽게 생산하고 지식 검색과 정리에서 우위를 차지했다면 일반인들은 그야말로 '아무것도' 할 수 없는 입장이 되었을 수도 있다. 그러나 현재 생성형 AI는 누구나 접근하여 활용할 수 있다. 관건은 그 AI라는 '도구'를 누가 잘 활용하느냐에 달렸다.

포토샵이나 일러스트 같은 프로그램을 잘 다루는 사람이 있는 것처럼, AI 또한 특별히 잘 다루는 사람이 존재한다. 앞으로 AI를 특별히 잘 다루는 사람들의 영역은 점점 더 전문화될 것이다. 가령 고도의 코딩을 할 수 있는 프로그래머는 AI를 활용하여 코딩의 속도와 질을 획기적으로 높일 수 있다. 그러나 나처럼 코딩을 할 줄 모르는 사람은 AI가 떡하니 놓여 있어도 무엇부터 시작해야 할지 몰라 난감하다. 물론, 나도 당장 코딩에 뛰어들면 6개월 안에는 AI를 활용해 제법 그럴싸한 코딩을 할 수 있을지도 모른다.

새로운 기술을 피하기보다 어떻게 활용할 수 있을지를 적극적으로 고민해보면, 생각보다 더 대단한 세상이 열렸다고 느낄 수도 있다. 대표적으로 당장 AI를 활용하는 가장 손쉬운 방법은 '교육'이나 '배움'에 이용해보는 것이다. 궁금한 것은 AI에게 물어보면 웬만하면

답을 해준다. 펠로폰네소스 전쟁의 배경이라든지, 세계 2차대전의 경제학적 의미를 물어보고 학습할 수 있다. '양자역학에 대해 초등학생도 이해할 수 있을 만큼 쉬운 비유로 설명해줘' 같은 질문도 유용하다. 영어로 작문하고 틀린 점을 고쳐달라고 할 수도 있고, 프랑스어 회화를 연습할 수도 있다.

게다가 일상생활에 필요한 거의 모든 지식을 얻을 수도 있다. 관절염을 앓고 있는 상황에서 '항염에 좋은 식재료와 식단을 알려줘'라고 하면 AI는 꽤 근사한 식단과 레시피를 알려준다. 각종 운동 방법, LED 전구 교체 방법, 사슴벌레 키우는 방법 등을 얼마든지 물어볼 수 있다. 일일이 웹을 검색하거나 주변 사람에게 전화해서 물어볼 필요가 없어진 셈이다.

특히 챗GPT를 비롯한 여러 생성형 AI는 다양한 분야의 글쓰기에 커다란 도움을 줄 수 있다. 나의 전문 분야라고 하면 아무래도 글쓰기이기 때문에 우선 이 부분에 대해 구체적으로 이야기해볼까 한다.

AI를
활용하기 1

흔히 생성형 AI가 등장한 뒤로 대학교의 리포트 과제가 무의미해졌다는 이야기를 듣는다. 어떤 주제든 AI에게 써달라고 하면 근사한 리포트 하나쯤은 단숨에 만들어내기 때문이다. 가령 리포트 과제가 '노자와 공자의 사상을 비교하되, 자기만의 관점을 녹인 에세이를 쓰는 것'이라고 해보자. 챗GPT에게 그대로 '노자와 공자의 사상을 비교하면서도, 기계적인 비교 분석에 그치지 않고 독창적인 관점을 담은 에세이를 써줘'라고 하면 곧바로 써준다.

생성형 AI의 원리를 잘 모르는 사람은 여기에서 의심한다. 만약 백 명이 다 그렇게 주문하면, 백 명 다 '비슷한' 글을 생성하게 되지 않느냐는 것이다. 그러나 그렇지 않다. AI는 말 그대로 그 순간 항상 '새로운' 글을 생성하기 때문에 백 번이 아니라 만 번을 요청해도 완전히 똑같은 글은 나오지 않는다. 물론 다소 비슷한 견해들이 생성될 수는 있겠지만, 그것은 인간도 마찬가지다. 만 명에게 똑같은 과제를 내준다면 비슷한 견해와 관점이 담긴 비슷한 에세이들이 있을 것이다.

만약 이렇게 AI에게 글쓰기를 시키고 싶다면 그 주문은 구체적이고 특정한 관점을 가질수록 좋다. 가령 '독창적인 관점'이라는 주문은 덜 구체적이다. '불운한 가정환경에서 자란 대학생이 다소 우울한 정서를 바탕으로 한국 사회에 대한 비판적인 시각을 가졌다고 가정하고, 그러한 대학생의 관점으로' 글을 써달라고 주문한다면 훨씬 구체적이다. 이러한 '수식어구'의 구체성이 글을 더 독창적으로 만든다. 노자와 공자의 사상을 그냥 비교하라고 할 수도 있지만, 문화적·사회적·경제학적 관점 등에서 비교하라고 수식어구, 즉 제한조건을 추가할 수도 있다. 심지어 그 안에서도 '문화비교학적 관점'이나 '마르크스주의 경제학의 관점' 등으로 더 세부적으로 정할 수도 있다.

만약 하나의 관점으로 부족하다면 '다섯 가지 서로 다른 독창적인 관점에서 다섯 가지 글을 만들어줘'라고 주문해볼 수도 있다. 사용자는 그 다섯 버전 중 하나를 골라서, 그 글을 계속 수정하도록 요구할 수 있다. '글이 너무 딱딱하니까 조금 더 부드러운 문체로 바꿔주고 은유적인 표현을 한 단락에 두 개 정도씩 추가해

61

줘.' 이런 구체적인 주문에 따라 AI는 글을 계속 바꿔나간다.

프롬프트에서 '구체적 제한조건(한정 수식어구)'의 중요성은 글쓰기뿐 아니라 AI를 활용하는 거의 모든 경우에 중요하다. 예를 들어 AI에게 여행 일정을 짜게 한다고 해보자. 대만에 5일간 여행을 가는데 '대만 4박 5일 여행 일정을 짜줘'라고 하면 일반적인 수준의 일정을 짜준다. 그러나 '대만에 5월 5일부터 아내와 여섯 살짜리 아이랑 함께 4박 5일 여행을 가는데, 타이베이에서 이틀, 가오슝에서 이틀 숙박할 예정이고, 호텔은 ○○이며 쑹산 공항에 도착하는 시간은 정오야. 요즘 아이는 성장통인지 관절이 약간 아픈 상황이고, 아내는 임신 초기라는 점도 고려해줘. 우리는 특히 편하게 이동할 수 있는 맛집들을 다녀보고 싶어. 이런 점들을 모두 고려해서 이동 방법을 포함한 여행 일정을 짜되, 이번이 첫 대만 여행이라는 점도 감안해줘'라고 구체적으로 알려주면 AI 활용을 극대화할 수 있다.

이처럼 사용자 입장에서는 글을 자기가 원하는 방향으로 끊임없이 수정하면서 '명령'만 하면 되고, 그렇게 제한조건을 추가하는 수정이 더해질수록 그 글은 '나만이 생성할 수 있는 글'이 되어간다. 나와 똑같은 제한조건들을 누적하듯 추가한 다른 사용자는 드물 것이기 때문이다. 이는 우리가 요구받는 거의 모든 글쓰기에 적용 가능하다. 누군가는 이렇게 만든 소설이나 시나리오를 공모전에 제출할 것이고, 누군가는 구직을 위한 자기소개서나 각종 지원서도 이러한 방식으로 작성해 제출할 것이다.

특히 최근에는 각종 SNS나 블로그 등 웹상 게시글의 상당수가 AI로 생성한 글이다. 어떤 주제를 '블로그 포스팅에 적합하게 써줘'로 시작해서, 세부적으로 계속 제한조건들을 추가할 수 있다. '블로그 포스팅치고는 너무 어려우니까 어떤 개념은 조금 더 쉽게 설명해줘' 같은 식으로 만들어가다 보면, 웹상에 매일 수십 개의 글을 포스팅하는 게 어렵지 않다. 요즘 SNS에 넘쳐나는 자기계발, 심리학 관련 글들은 과반이 AI가 생성한 것이라 봐도 틀리지 않을 것이다. '직장인들이 가장 고민하는 세 가지 주제를 골라서 이에 대해 자극적인 해결책을 제시해서 흥미를 끄는 피드 글을 써줘.' AI는 정말로 이런 글을 잘 쓴다.

한마디로, 글을 전혀 쓰지 못하는 사람도 글을 생성하여 게시하고 내세울 수 있는 시대가 되었다. 심지어 글을 쓸 줄 알고 모르고를 떠나서, 자기의 '생각'조차 없는 사람도 AI가 대신 생각하게 할 수 있다. '노자와 공자'가 무슨 말을 했는지 알 게 뭔가? 그들에 대한 나의 무슨 생각이 필요한가? AI가 수십 가지 관점에서 다 생각해주고, 글까지 써주는데 말이다. 특히 온라인에 존재하는 각종 전문 지식 블로그들은 이제 거의 다 AI가 쓴다고 봐도 과언이 아니다. 각종 법 지식이나 의학 지식으로 무장한 블로그를 변호사나 의사가 직접 쓰는 경우는 많지 않다.

이러한 도구가 생긴 이상, 필요한 사람들이 적절히 이용하는 것을 반대할 생각은 없다. 홍보, 마케팅이 절실한 자영업자나 프리랜서라면 AI를 적극적으로 활용해 글을 써서 방문자를 모을 수도 있을 것이다. 물론, 이후에 이야기하겠지만 이것은 내가 글쓰기를 대하는 방식은 아니다. 믿거나 말거나, 이 책에 실린 글 중에서도 단한 편도 AI가 쓴 것은 없다. 그 이유를 이야기하기 전에, AI의 활용 가능성에 대해 조금 더 이야기해보자.

AI를
활용하기 2

앞에서 소개한 글쓰기 방식은 내가 실제로 글쓰기에서 활용하는 방식은 아니다. 물론 '이 주제에 대해서 여러 관점에서 써봐' 같은 식으로는 활용할 때가 있다. 그 주제에 관한 브레인스토밍이 필요하거나 내가 놓친 관점이 있는지 점검해보기 위해서다. 그러나 그럴 때도 내가 먼저 그 주제를 두고 생각을 '마친' 다음에 시도하지 처음부터 그런 요구를 하진 않는다. 왜냐하면 나만의 생각을 정리하기도 전에 AI가 유도하는 생각의 흐름에 영향받을 가능성이 있기 때문이다. 즉 AI가 내 생각의 방향을 유도하는 '홈'을 파서 내 생각이 그쪽으로 흘러 들어갈 수 있는 것이다.

그러한 방식은 스스로 사고하는 능력을 빼앗아간다. 모든 주제에 대한 인간의 생각은 가만히 그 주제를 두고두고 생각하면서, 깊이 묵히며 자라난다. 내가 살아오면서 겪은 모든 경험이 무의식에서부터 뒤엉켜 확장되면서 나의 생각과 가치관, 태도를 형성한다. 즉 어떤 주제에 대한 나의 '생각'은 나라는 인간 그 자체이기

65

도 하다. 내가 사랑이나 우정, 행복을 대하는 나의 '가치관'이 곧 나의 '정체성'이자 나라는 존재인 것이다. 그러므로 모든 주제를 스스로 생각하지 않고 AI에게 일단 물어보는 것은 내가 스스로의 주인이 되는 걸 포기하는 일이라고 볼 수밖에 없다.

실제로 요즘에는 사람들이 삶의 온갖 것에 대한 '자기만의 생각'을 급속도로 잃어가고 있다. 학생들에게 사랑, 우정, 행복, 꿈 등을 주제로 어떻게 생각하느냐고 물어보면 우물쭈물하며 아무런 대답도 하지 못하는 경우를 자주 접한다. 서둘러 온라인 커뮤니티를 열어 물어보거나, AI에게 답을 구하기도 한다. 정작 자기 자신은 텅 비어버린 채, 불안해하며 남들의 대답만을 찾아 나서는 것이다. 그러다 보면 타인들의 기준에 지나치게 휩쓸리며 자기가 정작 어떻게 살고 싶은지도 모르게 된다. SNS 속 타인들의 삶이나 쫓고, 상대적 박탈감에 시달리며, 타인들을 쫓아가지 못해 느끼는 불안과 두려움fear of missing out(FOMO)에 잠식당해버린다.

그래서 나는 글쓰기를 할 때도 AI는 어디까지나 보조작가로 활용한다. 즉 필요한 사례나 통계자료가 있을 때 AI에게 '검색'과 '정리'를 시키곤 한다. 예를 들어

이 책의 1부에도 AI에게 도움받은 경우가 있다. 바로 다음 부분이다.

알고리즘은 우리가 보고 듣고 사유하는 방식 자체를 형성하는 감각적 환경이 되었다. 예를 들어 유튜브의 알고리즘은 사용자의 시청 시간, 클릭률, 댓글 반응 등을 바탕으로 영상 순서를 재조정하며, 전체 시청 시간의 70퍼센트 이상을 '추천 콘텐츠'로 채운다. 틱톡의 알고리즘은 사용자의 시청 시간, 반복 재생, 좋아요, 공유 등 다양한 상호작용 데이터를 활용하여 개인화된 콘텐츠를 추천한다. 메타는 뉴스피드의 감정적 조작 실험을 통해 AI가 사용자의 '감정 반응'까지 설계할 수 있음을 입증했다. 넷플릭스는 자동재생과 섬네일 반응 데이터를 통해 '지속 시청'을 전략적으로 설계한다.

나는 AI에게 알고리즘에 대해 쓴 글을 보여주며 적합한 예를 출처를 밝혀 찾아달라고 했다. 그랬더니 AI는 주로 영어로 된 서로 다른 기사들에서 유튜브, 틱톡, 메타, 넷플릭스의 예시를 찾아냈다. 나는 그렇게 AI가 찾아낸 자료들을 다시 팩트 체크하고 앞의 글을 써냈다.

예전 같았으면 적절한 예시를 인용하기 위해 검색 엔진을 통해 관련 기사를 오랫동안 검색하거나 책을 일일이 뒤져보는 일이 필요했을 것이다. 그러나 AI가 그런 일을 나보다 잘하는 건 분명해 보인다. 실제로 내가 알고 있는 학계의 사람들이 이미 나보다 AI를 더 많이 활용하고 있다. 각종 논문의 검색, 정리, 요약, 번역 등에 AI를 활용하지 않는 학자가 별로 없을 정도라고 한다. 즉 나만의 관점을 확립하여 글을 써낸다고 했을 때, 그 관점의 세부 내용을 채우는 '자료'를 AI에게 요청해 더 풍성하게 만들 수 있다. AI는 그런 작업의 노고를 일정 부분 덜어준다.

두 번째 활용 방법은 내가 써낸 글의 '검토'를 부탁하는 것이다. 오래전부터 주변 작가들에게 들어온 일종의 푸념이 있었다. 글에 대해 솔직하게 조언해줄 사람이 좀처럼 없다는 것이었다. 실제로 아직 습작생일 때는 합평회에 참석하거나 글쓰기 수업을 들으면서, 자기가 부족한 부분을 알게 되기도 하고 약점을 발견하며 나아가기도 한다. 그러나 어느덧 자기만의 글을 쓰는 이른바 '프로'의 단계에 이르면 단점에 대한 지적이나 구체적인 피드백을 받는 경우가 드물어진다.

그러나 아무리 훌륭한 작가라도, 부족한 점이 전혀 없는 완성의 경지에 이르렀다고 할 수는 없다. 오히려 모든 작가는 매번 글을 쓰며 성장하고 더 나아간다. 모든 글에는 그 나름의 결점이나 고치고 개선할 점이 있기 마련이다. 그러나 혼자서는 그러한 점을 인식하며 나아가기가 쉽지 않다. 동료들도 혹시나 그의 자존심을 상하게 할까 봐 대놓고 지적하기가 어렵다. 그럴 때 AI가 큰 도움을 줄 수 있다.

AI에게 내가 쓴 글을 보여주면서 '비판적으로 검토하고 보완할 점을 알려줘'라고 요청하기만 해도 AI는 나름대로 글을 검토한 결과를 알려준다. 물론 그러한 검토 역시 다 옳은 건 아니다. 그러나 제3의 시선에서 내 글을 뜯어 읽어보는 것만으로도 도움이 된다. 아마 홀로 작업하는 게 익숙한 많은 작가에게 옆에서 내 글을 객관적으로 바라보며 거리낌 없이 '직언'하는 이런 비서의 존재는 꽤 큰 의미가 있을 것이다.

이런 경우에도 역시 구체적으로 지시할수록 검토의 질이 좋아진다. '각기 다른 작가 다섯 명이 내 글을 보고 비판적으로 검토한다고 가정하고, 각자 장단점을 세 개씩 알려줘.' 그러면 실제로 작가 다섯 명과 함께 하는 합평의 효과를 낸다. 내가 생각할 때 부족하다고 생각되는 지점을 콕 집어 요청해도 좋다. '과학자나 경제학자가 이 글을 읽었을 때 특히 결점이라고 느낄 만한 점은 없을까' 아니면 '이 글이 전문가들에게는 그럭저럭 읽히더라도, 관련 지식이 없는 대중이 읽기에 어렵진 않을까' 혹은 '논문으로 학술지에 제출하려는데 부족한 점을 구체적으로 알려줘' 같은 식으로 구체적인 상황에서 약점이 될 수 있는 부분에 대해 검토를 맡길 수도 있다.

혹은 내가 쓴 글을 두고 '반대 논거를 제시해줘'라고 한 뒤 그것을 재반박하는 형태로 글에 녹여볼 수도 있다. '예상되는 반론'을 미리 글 속에 포섭하는 것이 글을 풍성하게 만드는 건 자명하다. 이처럼 AI는 내가 생각의 흐름 과정에서 놓친 지점들을 불러와 글을 더 단단하게 만들어줄 수 있다.

이는 꼭 글쓰기에 한정되는 것도 아니다. 어떤 분야에서든 자기반성적 순간이 필요할 때 AI에게 검토를 맡길 수 있는 건 큰 장점이다. 사업에서 의사결정이 필요할 때, 토론이나 강의를 준비할 때, 내 삶 전반에 대한 반성이 필요할 때 AI는 여러 관점에서 내 삶과 일을 검토해주는 조력자 역할을 해낸다. 하다못해 '내가 요즘 너무 AI 알고리즘에 의존해서 사는 것 같아 걱정이야' 혹은 '내가 너무 AI에만 의존해서 내 안이 텅 비어가는 것 같아 걱정이야' 같은 고민에 대해서도 AI는 꽤 재밌는 대답을 전해줄 수 있다. 각종 AI 디톡스 방법이라든지, 자기만의 주체성을 갖기 위해 AI를 멀리하는 법까지 아울러서 말이다.

즉 AI는 내 관점이 정립되어 있고 내 작업에 대한 나름의 기술과 능력을 보유하고 있을 때, 거기에 작은 날개를 달아 도와주는 훌륭한 비서 역할을 한다고 보면 적절하다. 이것은 AI에게 처음부터 생각과 글쓰기를 '통째로' 맡기는 방식과는 분명 다르다. 어찌 보면 AI에게 그 모든 걸 통째로 맡기는 것이나 AI를 적절히 보조 역할로 활용하는 게 그리 큰 차이가 아니라고 느낄 수도 있다. 그러나 나는 이 차이가 매우 중요하다고 본다. 내가 '텅 비어버린 채'로 AI에게 의존하는 것과 내가 '꽉 찬 상태'에서 AI를 추가로 활용하는 건 완전히 다르다. 지금부터 그 이야기를 더 깊이 해볼까 한다.

71

AI를
넘어서기 1

앞에서 살펴보았듯 글쓰기란 일종의 위기에 처한 것처럼도 보인다. 많은 작가가 위기의식을 느끼는 것도 사실이다. 평생 '글쓰기'를 단련해왔고 그것이 나만의 능력이라 믿었는데, 이제는 누구나 프롬프트 입력 한 번으로 그럴싸한 글을 생성해내는 시대가 되었다. 이는 일러스트를 그려 먹고사는 화가나 작곡을 생계로 하는 작곡가 등도 비슷하게 느끼는 위기일 것이다. 그러나 나는 이런 시대일수록 자기 분야에 전문성을 가진 사람들의 중요성이 커지리라고 생각한다. 글쓰기 분야를 놓고 본다면, '진짜 안목'을 가진 작가의 입지는 오히려 더 강화될 가능성이 크다.

왜냐하면 이러한 시대일수록 오히려 글에 대한 제대로 된 안목을 가진 사람이 줄어들기 때문이다. AI에게 글쓰기를 시켜서 글을 생성할 수는 있겠지만, 그 글이 정말 좋은 글인지는 결국 개인이 판단할 수밖에 없다. 그런데 제대로 글을 읽거나 써보지도 않은 사람이 계속 AI에만 의존할 경우, 그가 자기만의 진정성 있는 안목을 기를 가능성은 더 줄어든다. 단적인 예로, 기사 작성이 상당 부분 AI로 대체된 후일에도 언론사 입사 시험에서는 지원자들의 글쓰기 실력을 평가할 가능성이 크다. 그러나 어릴 때부터 제대로 된 글 한 줄 써본 적 없이 AI에게만 의존한 사람은 이와 같은 벽을 넘지 못할 것이다. AI를 아무나 활용할 수 있게 될수록 진정성 있는 안목과 실력을 가진 사람들에게만 주어지는 기회들이 생긴다.

이처럼 세상에 자동생성된 글은 넘쳐나도, 글을 진정으로 이해하는 '문해력'을 갖추고 어떤 글이 좋은 글인지 알아보는 안목을 지닌 사람들은 기하급수적으로 줄어들 수 있다. 그럴수록 안목을 가진 사람들의 판단력과 편집 능력에 의존할 수밖에 없게 된다. 생성된 글을 최종적으로 검토하고 확인하여 편집해서 세상에서 '내어놓는' 역할이 더 귀중해지는 것이다. 결국 그런 역할은 점점 더 능력을 가진 소수만이 담당할 수 있게 될 것이다.

달리 말하면, 세상에 온갖 정보가 넘쳐날수록, 사람들은 더 '신뢰'할 수 있는 정보나 존재에 의존하게 된다. AI가 점점 정교해지고 있다고는 하지만 여전히 가짜정보라는 의미를 가진 '환각hallucination'을 생산해낸다. 특히 AI를 써서 마구잡이로 생성한 글이 웹에 넘쳐날수록, 사람들은 점점 더 정보의 진정성을 믿기가 어려워진다. 가령 의학지식이 궁금해서 검색하거나 AI에게 물어볼 수는 있지만, 그것이 최종적으로 얼마나 신뢰할 수 있는 지식인지는 알 수 없다. 결국 나의 건강이나 생명과 관련된 만큼, 최종적으로는 신뢰할 수 있는 의사에게 검토를 맡기게 된다. 즉 '안목'은 '신뢰'와 직결되는 것이다.

물론 극단적인 상상력을 발휘해본다면, 언젠가는 AI가 모든 인간을 능가하는 안목을 갖게 되는 시대가 올 수도 있다. 심지어 AI가 현재 문제가 되는 환각을 완벽히 극복하여, 100퍼센트 진실만을 이야기하는 존재가 될 수도 있다. 이런 경우라면 굳이 인간 전문가를 찾을 필요도, 인간의 판단에 의존할 필요도 없을 것이다.

그러나 나는 이러한 '완전한 대체'라는 상상은 현실 세계의 인간사를 제대로 포착하지 못한다고 본다. 기술 발전은 분명 놀랍지만, 인간 세계는 단순히 정보의 정확성만으로 작동하는 곳이 아니기 때문이다. 인간은 정보를 검증하는 존재이기도 하지만, 상호 신뢰, 감정적 연대, 경험적 공감을 통해 살아가는 존재다. 단지 기계적 존재가 제공하는 '옳은 답'이 아니라, 그 답을 내놓은 존재가 '어떤 삶을 살아왔는지'를 중시하는 것이 인간이다.

예를 들어 의학 지식만 놓고 본다면 검색엔진이나 AI가 의사보다 방대한 정보를 제공할 수 있다. 그럼에도 사람들은 여전히 생명을 맡길 때, 한 사람의 의사, 한 사람의 경험, 한 사람의 말의 무게를 신뢰한다. 왜냐하면 인간은 단순히 정답이 아니라, 그 정답을 둘러싼 맥락, 판단에 이르기까지의 망설임이나 확신, 총제적인 경험, 윤리적 책임감까지 함께 보고 싶어 하기 때문이다.

마찬가지로 글쓰기나 예술을 비롯해 판단과 책임이 필요한 영역에서는 정보 그 자체보다 그것을 해석하고 책임지며 향유하는 인간 존재가 필요하다. AI가 웹상에서 조합한 정보에 따라 내놓은 추천도서보다는 내가 항상 팔로우하며 믿고 있는 작가의 추천도서 목록을 더 따라 읽고 싶은 게 인간이다. AI가 제시하는 객관적으로 뛰어난 미적 코드에 따른 옷차림보다 내가 평소에 좋아하는 라이프스타일을 보여준 인플루언서의 패션을 따라 입고 싶은 게 인간의 마음이다. AI가 아무리 기술적으로 완벽해진다 해도, 인간은 결국 '인간을 통해 인간을 신뢰하고자 하는 본성'을 버리지 않을 것이다.

한 걸음 더 나아가면, AI가 아무리 발전한다 해도, 결국 사회의 수많은 영역에서 최종적인 결정은 인간에게 맡겨져 있다. 특히 법적 영역에서 AI의 가장 큰 문제는 '책임 능력'이 없다는 점이다. 만약 AI에 판단을 맡겼다가 사고가 일어나거나 큰 손해가 발생한다면 그 책임을 누구에게 묻게 될까? AI 자체에게는 책임을 물을 수 없기 때문에, AI를 활용해 최종 결정을 내린 사람이나 AI 회사를 운영하는 사람에게 책임을 묻게 된다. 법적 책임으로 빚을 지거나 감옥에 갈 존재는 AI가 아니라 사람이고, 이례적인 경우라도 회사 자체(법인)가 된다. 즉 결국 AI의 활용을 극대화한다 해도, 최종적으로 판단하고 결정하고 책임지는 것은 '안목'을 가진 '개인'이나 인간이 운영하는 '회사(법인)'가 될 수밖에 없다.

글을 쓰는 사람으로서 나는 나의 안목을 믿고 있다. 나의 안목이 대단하다는 오만에 관해 말하는 것이 아니다. 다만 자신의 관점을 가지고 세상과 인간과 삶을 바라보며 '글을 쓰려면' 반드시 자기만의 안목이 필요하다는 이야기다. 이 안목은 글쓰기에 필수불가결한 조건이다. 그래서 이 세상의 수많은 글 가운데서도 내가 믿는 진짜 가치 있는 글을 선별하고, 좋아하며, 추천한다. 또 그렇게 나의 안목을 믿고, 내가 믿는 '좋은 글'을 세상에 내어놓는다. 그것은 열다섯 살 무렵부터 20년 넘게 글을 쓰고, 적지 않은 책을 읽고, 나름대로 끊임없이 성찰해온 나라는 존재를 스스로 믿기 때문에 가능한 일이다. 내가 '텅 빈 채'로 AI만 믿고 모든 걸 내맡기지 않기 때문에, 나의 글을 쓰는 작가로 계속 살아가리라는 것을 분명히 믿고 있다.

마찬가지로 세상에도 내가 추천하는 책을 믿고 읽어보려는 사람들이 있고, 내가 쓴 글을 믿고 나를 글쓰기 강의에 초대하는 사람들이 있다. 그들이 나라는 사람을 바라보며 내가 해내는 작업을 신뢰하기에 나에게 맡기는 각종 글쓰기 작업, 편집, 큐레이션, 심사 같은 일이 계속 존재한다. 그래서 사실 나는 이 시대가 글 쓰는 일에 위기를 불러온다고는 조금도 느끼지 않는다. 아마 10년이나 20년 뒤에도 마찬가지일 것이다. 오히려 시간이 흐를수록, AI에 의존하는 사람들이 많아질수록, 글을 제대로 읽고 쓰며 글에 대한 안목과 편집 능력, 큐레이션과 심사 능력, 책임질 수 있는 최종 판단력을 갖춘 사람들은 더 줄어들 것이다. 그래서 그들은 더 희소한 가치를 지닌 존재가 될 것이고, 세상은 그들의 안목을 더 바라게 될 것이다.

AI가 발전하기 전부터 이미 각종 기계가 수많은 요리를 엄청나게 효율적으로 해내는 시대가 되었지만, 사람들은 여전히 온갖 경험에서 비롯된 미감과 안목을 갖춘 요리사를 찾아가, 그가 손끝에서 만들어낸 요리 한 점을 먹기 위해 엄청난 돈을 지불한다. 그것이 바로 인간이 인간의 안목을 좇는 어떤 본능적이고 근본적이면서 필연적인 지향이다. 나아가 인류의 마지막 날까지도 존재할 인간과 인간 사이의 상호작용과 인간에 대한 연대감 및 신뢰감에 대한 지향이다. 우리가 믿는 건 타인의 삶이다. 한 인간의 삶이고, 그 삶이 녹여내고 추출해낸 안목이다.

AI를
넘어서기 2

앞에서는 인간 삶에 뿌리내린 '안목'과 그에 대한 '신뢰'와 '책임'을 이야기했다. 그러나 AI 시대의 글쓰기에 관하여 내가 더 중요하게 생각하는 부분은 따로 있다. 이는 AI가 대체하기 매우 어려운 창작 분야라고 할 수 있다. 바로 '나'의 이야기를 쓰는 일이다. 나는 앞으로 글쓰기에서 '나'를 다루는 영역이 무척 중요해지리라 생각한다. AI가 무자비할 정도로 생성해대는 글의 세계에서, 아주 희소하게 존재하는 '인간의 글쓰기' 영역이 될 것이기 때문이다.

글쓰기에는 다양한 종류가 있다. 보도자료나 기사를 쓰는 일은 AI가 대체할 여지가 있다. 가령 몇몇 책과 그에 대해 잘 쓰인 보도자료를 AI에게 학습시킨다. 그러면 AI는 책을 대략 어떻게 추출하고 요약하는 게 '잘 쓴 보도자료'인지를 알게 된다. 그 후 이 책《AI, 글쓰기, 저작권》의 전문을 AI에게 제시한 뒤 보도자료를 써달라고 하면 상당히 잘 써낼 수 있다. 어쩌면 당장은 부족하더라도, 그런 기능은 앞으로 분명 개선될 것이다. 단순 사실을 보도하는 기사를 육하원칙에 따라 쓰는 것도 AI가 이미 잘해내고 있다.

시나리오나 소설을 쓰는 순수한 창작도 AI가 점점 대체할 여지가 있다. 이미 일본에서는 AI가 쓴 작품이 인간의 작품을 이기고 문학상을 받기도 했다. 우리나라에서도 만약 신춘문예 수상작품들을 AI에게 모두 학습시킨 다음, '신춘문예에 당선될 만한 시를 써줘'라고 하면, 실제로 당선될 만한 작품을 AI가 생성해낼지도 모른다. 공모전에서는 인간 자체가 드러나지 않고 순수하게 작품만을 보기 때문에, 그러한 작품의 로직을 학습한 AI가 '상 탈 만한 작품'을 생성해내는 건 충분히 가능한 일이 된다. 만약 공모전에 출품된 작품이 100편인데 인간이 써서 제출한 작품이 50편이고 AI로 생성한 작품이 50편이라면, 실제로 당선 확률이 반반일지도 모른다. 만약 인간이 쓴 작품이 10편이고 AI가 생성한 작품이 90편이라면? AI가 당선할 확률이 크게 상승할 수도 있다.

이처럼 글쓰기의 '기능적' 측면 자체로는 AI가 기존 글쓰기의 많은 영역을 대체해갈 수 있다. 그럼에도 AI가 결코 대체할 수 없는 글쓰기가 하나 있다. 바로 내

'내면의 이야기'를 쓰는 일이다. AI가 웹상의 모든 지식을 안다 해도, 내가 오늘 아침 집을 나서며 불어오는 바람에서 느낀 감촉과 그 순간 떠올린 어린 시절의 어떤 순간이나 그로부터 파생되어 나아가는 내 안의 꿈과 불안에 대해 AI는 알 수 없다. 오늘 점심 어머니와 함께 밥을 먹으며 문득 바라본 눈가 주름에서 피어오른 내 과거 어느 날의 추억에 대해 AI는 모른다. 말하자면, 그 내면세계는 AI가 접근 불가능하고, 나를 제외한 다른 어떤 인간도 들어설 수 없는 '나만의 통제구역'이다.

어쩌면 언젠가는 AI가 어릴 적부터 이어온 나의 내면세계, 즉 모든 기억, 이미지, 감정, 생각, 일상, 관계, 꿈, 상처 등을 다 알게 되는 '극단적 미래'가 올지도 모른다. 내가 태어나는 순간부터 뇌에 AI 칩을 박아서 AI가 나의 모든 생각이나 감정을 나노초 단위로 기록하고 나의 내면세계에까지 접근하여 무의식과 의식까지 속속들이 알고 있는 SF 같은 미래도 있을 법하다. 그러나 그런 세상을 예상하는 것은 인간이 안드로메다의 한 행성에 정착해서 외계인과 함께 문명을 이룩하고 살아갈 날이 언젠가 온다고 말하는 것과 비슷하다. 그런 극단적 상상은 오늘의 현실과 삶을 성찰하는 데는 큰 의

미가 없다.

　나의 이야기는 나만이 온전하게 써낼 수 있다는 것 이야말로 인류에게 최후로 남은 '보루'에 해당한다. 물론 내가 AI에게 나의 이야기를 들려주면 AI가 멋진 문체로 그 이야기를 글로 만들어줄 수는 있다. 그러나 이는 글쓰기의 본질 자체를 간과해버린다. 내가 적당히 말로 풀어낸 내용을 AI가 글로 바꾸어주었다고 해서 그것이 '내 글'이라 볼 수는 없다. 본질적으로 글은 써나가는 과정에서 나의 내면과 상호작용하면서, 그 글을 쓰지 않았더라면 알 수 없었을 무의식까지 끌어낸다. 이런 경험은 '글을 제대로 써본' 사람이라면 누구나 알고 있다.

　지금 AI에게 의존하지 않고 다음과 같은 주제로 글을 쓴다고 하자. '당신이 가장 사랑하는 사람에게 가장 상처받았던 순간에 대해 써보라.' 아마 어느 날 어떤 사람의 얼굴이 떠오를 것이다. 그가 나에게 했던 모진 말이나 행동이 생각날 것이다. 그 순간에 내가 어느 방에 있었다면, 그 방 안의 빛이나 그림자도 생각날 것이다. 내가 왜 거기에 있게 되었는지, 왜 그 사람을 마주하고 있었는지도 기억날 것이다. 그리고 왜 그 일이 그토록 나에게 상처였는지, 왜 그런 일이 일어났는지, 왜 여전히 상처로 남아 있는지가 찬찬히 떠오를 것이다. 글을 써나가다 보면 마치 문장이 내 마음을 이끌어가고 발굴하듯 내 마음속 이야기들이 풀려나온다. 한 자 한 자 적으면서 나도 몰랐던 이유가, 내 안에 감춰져 억압되어 있던 진실이, 글로 적기 전에는 잊고 있던 무의식의 조각들이 나타난다.

글쓰기는 단순히 말하는 것과 다르다. 나는 거의 매일 글을 쓰고 말도 하기 때문에 그 차이를 명료하게 안다. 글을 쓰면서, 모호했던 마음이 검은 글자로 새겨지는 걸 바라보면서 한 자 한 자 의미를 엮어내는 일은 허공에 대고 구술하는 것과 확연히 차이가 난다. 글은 말보다 정교하고, 앞뒤가 더 치밀하게 엮여 있어야 하며, 바로 그러한 '엮임의 방식' 자체가 마음의 실타래를 글쓰기 고유의 방식으로 풀어낸다(영어로 '글'을 의미하는 text는 바로 texture, 즉 씨줄과 날줄을 엮는 '직물'이라는 단어에서 유래했다). AI에게 말해서 글로 정리하게 하는 것과 자신이 직접 한 자 한 자 글을 써내는 것은 전혀 다른 결과를 만들어낼 수 있다.

그렇기에 AI가 일반적인 글쓰기를 대체하는 최후의 시대까지도 '나의 이야기'를 쓰는 일은 남는다. 우리는 '자신의 이야기'를 써낸 글들을 더욱더 찾게 될 것이다. 그렇지 않은 이야기들은 AI에게 물어보면 되기 때문이다. 시중에 넘쳐나는 온갖 책도 단순한 지식과 정보를 정리한 수준에 그친다면 역시 차별성이 현저히 떨어지게 될 것이다. 그러나 자신의 경험과 이야기를 진솔하게 담아낸 글은 그 희소성과 대체 불가능성 때문에 점점 더 가치 있게 받아들여질 것이다.

여기에서 특히 중요해지는 것은 '글과 사람의 일치' 문제다. 마음만 먹으면 누구든 진짜 자신의 이야기가 아닌 것을 AI를 동원해 거짓으로 만들어내어 자기 이야기인 양 글을 쓸 수도 있다. 그러나 읽는 사람들 역시 그러한 경우를 의심하게 될 것이다. 그러므로 이제 작가의 일이란 자신은 숨긴 채로 글만 내놓는 일과 점점 달라질 것이다. 오히려 자기의 삶이 글을 증명해야 하는 시대가 온다. 사람들은 정말로 그 삶을 믿을 수 있는 사람의 글을 읽으려 할 것이다. 글을 쓴 사람이 누구인지도 알 수 없고 어떻게 사는지도 알 수 없다면 그 사람의 글만 믿는 일은 점점 줄어들 것이다.

최근에는 유명한 연예인이나 '셀럽'들이 사생활 폭로로 '나락('사회적 몰락'을 의미하는 신조어)'으로 가는 일이 엄청나게 흔해졌다. 그만큼 그들의 삶에 접근이 쉬워졌기 때문이다. 예전에 유명인이란 TV 속에서나 정해진 시간에 잠깐 볼 수 있었지, 그 바깥에서 그가 어떤 존재인지 알기란 거의 불가능했다. 그러나 세상 모든 사람의 눈이 감시의 눈길이 되고, 어디에서나 다양한 방식으로 증언하고 기록하는 일이 쉬워지면서, 더 이상 사람들을 '속이는 것'이 어려워졌다. 끝까지 살아남는 건 진솔한 인성으로 자기 삶을 정직하게 살아내면서 미디어 속 모습과 실제 삶의 괴리를 줄여나간 이들뿐이다. 그 외의 사람들은 모두 어떤 식으로든 본 모습을 폭로당해 '신뢰'를 잃어버린다.

글쓰기도 마찬가지다. 과거에는 작가들이 실제로야 어떻게 살든 상관없이 그럴싸하게 글만 꾸며내는 경우가 많았다. 글 속에서는 엄청난 인격자인 것처럼 굴지만, 온갖 술자리에서 이성을 성추행하고 권력을 휘두르며 아랫사람들을 함부로 대한 일이 비일비재했다. 그러나 글을 '꾸며내는 일' 자체가 세상에서 가장 쉬운 일이 되어버린 지금, 좋은 삶을 사는 일이야말로 가장 어려운 일이 되었다. 글은 이제 아무나 그럴싸하게 쓸 수 있다. 그러나 진짜 좋은 삶을 사는 건 극히 어렵다. 세상은 '글과 삶'의 일치를 요구한다.

　독자들 역시 점점 더 작가의 '삶' 자체를 보기를 원할 것이다. 글쓰기야 AI에게 시키면 평생 보지도 못할 만큼 많은 글을 하루 만에 생성할 수도 있다. 중요한 것은 글을 통해 인간을 보는 일이 될 것이다. 그렇게 AI는 아이러니하게도 인간과 인간을 더 진실되게 이어준다. 우리는 AI가 만들어낸 온갖 환영 가운데에서 진짜 인간을 더욱 갈망하게 될 것이다. 이제 어떤 인간, 즉 한 작가의 삶의 여정을 바라보고, 사랑하고, 믿는 일이 '쓰기와 읽기'의 여정 그 자체가 된다.

　그러니 글을 쓰는 사람이 걱정해야 할 건 AI의 글쓰기 기술이 아니다. 오히려 글을 삶으로 증명하는 일이다. 나의 삶을 나의 글로 쓰면서, 작가는 독자와 더 진솔한 관계를 맺도록 요구받는다. 작가의 경쟁자는 AI가 아니라 거짓된 삶, 거짓된 자신이다. 이제 작가는 자신을 온전히 독자에게 건네주면서 그들의 신뢰에 보답하며, 자기만의 안목으로 만들어가는 자기다운 삶으로 자신의 글을 증명하게 될 것이다. 그리고 그러한 일에 성공하는 한, 작가에게 위기란 없다.

결론:
의문을 제기하기

AI는 분명 인류에게 커다란 혜택과 편의를 줄 것이다. 그러나 동시에 여러 위기를 불러오는 것도 사실이다. 가령 AI 로봇이 세상의 모든 요리를 대신하게 되면, 당장 동네 분식집에서부터 많은 일자리가 사라진다. 인류 역사에서도 여러 기술의 발달이 수많은 직업을 사라지게 했다. 대량생산 기계의 등장으로 사라진 수공업 장인, 자동차의 등장으로 사라진 마부, 컴퓨터 보급으로 사라진 주판수, 전화 기술 발달로 사라진 전화 교환원 등 그 직업을 일일이 다 열거할 수 없을 정도다. AI 발달 역시 분명 사회에 크고 작은 변화를 불러오고 있다.

그러나 기계의 발전은 산업 디자이너나 각종 기계 전문가를 탄생시켰고, 자동차의 등장으로 자동차 회사를 구성하는 다양한 직원들과 운전기사, 수많은 정비공이 생겨나기도 했다. 컴퓨터의 보급은 소프트웨어 개발자 등 이루 셀 수 없이 많은 직업을 만들어냈으며, 전화 기술 발달은 각종 통신 엔지니어나 네트워크 관리자 등의 직군을 창출했다. AI 기술의 발전 또한 위기인 동시에 기회를 낳을 것은 분명하다.

실제로 최근의 영상 생성 AI의 발달을 보면 또다시 엄청난 기회가 생겨나고 있음을 실감한다. 유튜브 등 개인 미디어의 등장은 기존의 방송국 등 대형 미디어 중심으로 돌아가던 시장을 크게 뒤흔들었다. 이제는 100만 구독자를 보유한 유튜버 한 명이 거대한 방송국 하나보다 더 강한 영향을 발휘하기도 한다. 이는 기술 발전이 기존의 권력 체계를 어떻게 뒤흔드는지 보여준 하나의 예시다. 영상 생성 AI의 발달은 영상 제작에 필요한 자본이 없어 기회를 얻지 못했던 수많은 개인에게 새로운 희망이 되고 있다. 이들은 거대 자본 투입 없이도, AI를 활용해 음악, 대본, 영상 등을 만들고 본인만의 재능과 안목으로 편집하여 뮤직비디오나 영화, 애니메이션을 제작한다. 오스카 상을 주관하는 미국 영화예술과학아카데미(AMPAS)는 영상 제작에 AI를 보조 도구로 활용하는 것은 수상 자격에 영향을 미치지 않는다는 점을 밝히기도 했다. '영상 제작 도구'로서의 AI 활용이 극대화되는 시기는 눈앞에 도래했다. AI는 새로운 도구로서 새로운 전문가들을 낳을 것이다. 마치 카메라의 등장이 사진가라는 새로운 전문가들을 탄생시켰듯 말이다.

그렇게 AI를 활용할 때 하나 기억해두어야 할 것이 있다면 '의문을 제기하는 능력'이다. 달리 말하면, '질문하는 능력'이라고도 할 수 있다. AI가 제시한 대답에서 그치지 않고, 그에 관해 나의 '안목'으로 의문을 제기하면서 우리는 AI를 나만의 관점에서 활용할 수 있다.

일상적인 예로, AI에게 돼지고기 굽는 법을 묻는다고 해보자. AI는 적당한 불의 세기나 시간 등을 알려줄 것이다. 그러나 그 순간 평소에 돼지고기를 먹으면서 '잡내'가 신경 쓰인 게 생각난다면 당장 의문을 제기할 수 있다. '그런데 나는 잡내를 제거하는 돼지고기 굽는 법을 알고 싶어.' 그러면 AI는 맛술이나 매실청 등을 활용해 잡내까지 제거하면서 돼지고기 잘 굽는 법을 알려줄 것이다. 소고기라면 원하는 굽기가 미디엄 웰던인지 웰던인지, 활용하고자 하는 부위가 안심인지 등심인지 등 내가 제시하는 구체적인 제한조건에 따라서도 그 답은 역시 달라진다.

AI를 잘 활용하는 사람과 잘 활용하지 못하는 사람은 그렇게 스스로의 안목을 바탕으로 의문을 제기하

89

는 능력을 기준으로 나뉘게 된다. 한 편의 글을 생성시킬 때도 그 글의 세부 내용에 의문을 제기하고, 문체나 단어 선택 스타일 등을 수정해가면서 훨씬 양질의 글을 만들어낼 수 있다. 가령 대한민국의 '인구 소멸'에 대한 글을 써달라고 AI에게 부탁해볼 수 있다. 안목이 없는 사람은 그 글이 좋은지 나쁜지, 부족한지 어떠한지도 알기 어렵다. 그러나 제대로 된 지식과 안목이 있는 사람은 '부동산 문제가 빠졌네', '경제학적인 측면이 아쉬워', '그런데 그 수치는 정확한 거야? 내가 아는 거랑 다른데, 출처를 제공해줄 수 있어?'처럼 부족한 점을 지적하고 보완하며 정교하게 글을 완성해갈 수 있다.

그러므로 AI 활용에 필요한 능력도 AI 등장 이전에 필요했던 능력들과 연속성을 지닌다. 풍부한 관점과 깊이 있는 지식, 끊임없이 의문을 제기하며 논의와 담론을 확장할 수 있는 능력이다. 이를 한마디로 광범위한 의미의 '문해력'이라고 할 수도 있을 것이다.

나아가 새로운 도구가 아무리 발전한다 해도 인간 삶의 경험은 사라지지 않는다는 점도 기억할 필요가 있다. 카메라와 그림 생성 AI 기술이 아무리 극단적으로 발달해도 그림 그리는 사람은 사라지지 않는다. 인간은 자신의 손을 움직여 표현하고 만들어내는 데서 즐거움을 얻는다. 요리 기계가 발달했다고 해서 모두 인스턴트 식품을 전자레인지에 돌려 먹지는 않는다. 직접 재료를 고르고 하나씩 다듬어서 내 입맛에 맞게 요리를 완성하는 즐거움이 있기 때문이다. 이러한 즐거움은 단순히 있으면 좋은 게 아니라 인간에게 필수적인 것이다. 세상의 모든 아이는 눈앞에 있는 것들을 만지고, 다루고, 표현하며, 그 모든 것을 즐기고 사랑하며 자란다. 어른 역시 다르지 않다.

AI가 인간보다 모든 걸 더 잘하게 되더라도, 인간은 여전히 함께 모여 노래 부르고 춤을 추며, 자신의 손으로 그림을 그려내고, 자기 마음의 끝자락에서 시를 피워올리며 내면에 대한 글쓰기를 이어갈 것이다. 어쩌면 그러한 경험에 대한 결핍이 점점 더 심해져, 이른바 '아날로그'라고 말하는 영역에 대한 경험적 갈망이 폭발적으로 커질 수도 있다. 그럴 때 필요한 건, 여전히 어느 저녁의 공방에 모여 서로에게 도자기 빚는 법을 알려주고, 어설프게나마 손끝을 움직여 직접 탄생시킨 탄생한 작품들에 서로 경탄하며, 공감과 경험, 이야기를 나눌 수 있는 존재들이다.

나는 이상론을 이야기하는 게 아니다. 오히려 더 극단적인 현실론을 이야기하는 쪽에 가깝다. AI가 세상의 모든 문제를 해결하고 인간의 모든 직업을 빼앗아, 인간은 결국 기본소득만 받고 놀면서 살게 될 것이다, 라는 식의 생각이야말로 일종의 극단적인 이상론이라 본다. 인간사의 현실은 늘 더 복잡미묘하다. AI가 모든 걸 뒤덮을라치면 인간은 그 틈새에서 또 다른 인간적 경험을 갈망하며 삶의 고유한 경험을 생성해나갈 것이다. AI가 세상의 모든 그림을 다 유려하게 그려버리면, 사람들은 더 이상 그림 자체가 아니라 즉석에서 인간이 직접 그림 그리는 '과정 자체'를 최고의 볼거리로 여기며 가장 경탄하게 될 수 있다. 자동 양산된 영상이 아무리 진짜 같다고 해도, 인간이 직접 발성하며 눈앞에서 연기하는 연극이나 뮤지컬을 관람하는 경험이 최고의 가치로 격상될 수 있다. 어쩌면 작가가 현장에서 소재를 받고 즉석에서 글 쓰는 모습을 즐기는 '글쓰기 공연'이 엄청난 성황을 이루는 날이 올지도 모른다(실제로 나는 각종 글쓰기 강의에서 즉석에서 청중으로부터 소재를 받아 글을 쓰는 걸 보여주기도 하는데, 반응이 정말 좋다).

그러므로 언제나 그랬듯 진정성을 잃지 않고 삶에

서 중요한 것들에 몰두하는 일이 우리 시대에도 역시 가장 귀중한 생존법이 될 것이다. 물론 세상의 흐름을 완전히 무시해선 곤란하다. 유용하게 쓸 수 있는 도구가 생겼다면 최선을 다해 잘 활용해보는 것은 언제나 도움이 된다. 내가 아는 작가 중에는 아직 원고지에 연필로 글을 쓰는 이들도 있다. 거기엔 그 나름의 장점이 있겠지만, 우리 시대에 키보드 정도는 두드릴 줄 아는 게 좋지 않나 생각한다. 중요한 건 언제나 조화이다. 내가 진정성 있게 믿는 것과 새로운 시대 사이에서 나만의 조화를 찾자. 그 몫은 여전히 인간이 내게 남겨진 것이다.

3

AI는 법의 영역에도 중대한 도전을 제기한다. 저작권법 역사상 가장 중요한 논쟁이 시작되었다고 해도 과언이 아니다. 과연 인간이 아닌 AI가 생성한 작품에 저작권을 부여할 수 있느냐부터, 지브리 애니메이션 화풍으로 생성한 그림을 둘러싼 스타일 저작권 문제, 편집과 편집저작물의 재발견, 각종 법적 리스크 등에 이르기까지 AI 시대가 열어젖힌 새롭고도 치열한 법적 논쟁이 가득하다. 1부 현자의 탑에서 이루어진 고찰을 지나, 2부 AI 세계로 떠난 모험가의 이야기를 거쳐, 이제 3부에서는 새로운 분쟁을 판단해야 하는 재판관의 입장이 되어 보자. 이 문제는 단순히 법조인뿐 아니라 AI에 영향받는 우리 시대 모든 이들이 함께 고민해보아야 할 문제다.

저작권:

생성형 AI를 둘러싼

첨예한 문제

저작권법 역사상
가장 중대한 도전

생성형 AI의 등장은 저작권법 역사상 가장 큰 사건이라 해도 과언이 아니다. 국내 저작권법을 비롯해 미국, 유럽 등 주요국의 저작권 체계는 모두 저작물을 "인간의 사상 또는 감정을 표현한 창작물"로 규정하고 있다. 저작권은 바로 이러한 창작물에만 존재한다는 것이 국제적인 합의이자 저작권법의 대전제라고 볼 수 있다. 이 정의는 수많은 해석을 발생시키며 저작권을 둘러싼 분쟁의 핵심 개념으로 존재한다. 약간 과장해서 말하자면, 이 한 문장만 제대로 이해한다면 저작권을 둘러싼 대부분의 분쟁을 파악하고 판단할 수 있다.

AI와 관련해서는 앞의 문장에서 "인간의"라는 부분이 가장 먼저 문제된다. 작품의 저작권이 인정되려면, "인간의"라는 조건을 충족하는 것이 필수적이다. 즉 인간이 만든 게 아니면 저작물이 아니다. 저작물이 아니라는 것은 그 작품이 아무리 그럴싸해도 저작권이 발생하지 않는다는 뜻이다. 저작권이 발생하지 않는다는 것은 저작물로 보호받지 못한다는 의미다. 예를 들어

침팬지에게 붓을 들려 캔버스에 그림을 그리게 한다면, 그 그림이 아무리 근사해도 저작물이 아니고, 침팬지에게 저작권도 없다. 그러므로 누구든 그 그림을 복제해서 엽서로 만들어 팔아도 저작권 문제는 발생하지 않는다.♦

AI의 등장 이후 전 세계 법조인들이 과연 AI의 창작물을 인간의 창작물로 볼 수 있는가에 대해 논쟁을 이어왔다. AI는 인간이 아니므로 당연히 AI의 창작물은 저작물로 보호받을 수 없다는 의견이 지배적이다. 그러나 AI에게 인간이 '프롬프트', 즉 일련의 명령어를 제시한다는 점을 중시해서, 그 생성을 지시한 사람에게 저작권을 인정해야 한다는 견해도 있다. 이에 대해 완전한 결론이 있다고 보기는 어렵지만, 그럼에도 AI의 창작물은 '인간의 창작물은 아니므로 저작권을 인정할

♦ 이 부분에 관해서는 다른 법적 논리를 제외하고 오직 '저작권법'의 측면에서만 다루고자 한다. 구체적인 사례에서는 저작권이 없는 작품도 부정경쟁방지법, 디자인법, 상표법 등 다른 논리로 보호받는 경우가 있을 수 있다. 그러나 이 책에서 그 밖의 모든 법을 다루는 것은 무리가 있으므로, 저작권과 관련한 논의에 한정한다는 점을 밝혀둔다.

수 없다'는 쪽으로 중론이 모이고 있다.

단순히 'AI는 어쨌든 인간이 아니잖아!'라는 논리 때문은 아니다. 저작물의 정의에서 "표현한"이라는 부분의 해석이 매우 중요하게 작용한다. 저작권은 인간 내면의 '사상 또는 감정' 같은 '아이디어'가 구체적인 작품으로 "표현"되어야만 발생한다. 즉 표현되지 않은 채 내면에 머물러 있는 아이디어는 저작권으로 보호될 수 없다. 이는 당연한 일이다.

만약 표현되기 이전의 아이디어를 보호해버리면 세상의 모든 사람이 온갖 작품을 보고 '저거 내가 생각했던 건데'라고 주장하고 나설 수 있다. 그러니 구체적인 작품으로 표현되지 않은, 즉 작품으로 제대로 만들어지지 않은 채 아이디어로 머물러 있는 상태까지 보호할 수는 없는 것이다.

인간이 AI에게 지시하는 프롬프트 또한 일종의 '아이디어' 상태로 볼 수 있다. 가령 어느 화가가 '세 개의 달이 뜬 아름다운 행성에서 무지갯빛 달빛이 내리비치고, 코끼리가 헤엄치는 바다에서 수영하는 소년과 소녀의 그림'을 그리겠다고 구상했다고 해보자. 만약 AI를 활용해서 그림을 그린다면 방금 소개한 '구상'이 곧 프롬프트가 될 것이다. AI에게 '지시를 내리는 말'은 구상, 즉 아이디어에 불과한 것으로, 아직 표현되기 전의 단계인 셈이다.

그렇다면 인간이 AI에게 아무리 열심히 '지시'를 내렸다고 해도, 인간이 관여한 건 '아이디어'밖에 없다. 구체적으로 그림을 그리거나 글로 써낸다는 의미에서 '표현'이자 '생성'은 AI가 한 것이다. 그러므로 그렇게 만들어진 작품을 인간이 직접 "표현한" 저작물이라고는 볼 수 없게 되는 것이다.

그러나 이는 어디까지나 종래의 저작권법 법리에 따랐을 때 나오는 결론이다. 국내뿐 아니라 국제적으로도 이러한 법리가 당장 바뀔 가능성은 적지만, 최근 창작에서의 급속한 기술 발전이 인류사에서 매우 이례적이라는 점을 생각해볼 수 있다. 과연 기존의 방식처럼 창작적 '표현'이라는 게 모든 문장을 직접 쓰고, 모든 선을 직접 그리고, 모든 채색을 직접 해야만 인정되는 게 타당한지에 대한 논의가 급속도로 이루어져갈 것이다.

생각해보면 기존에도 각종 프로그램을 통해 '명령'만으로 '표현'할 수 있는 경우가 많았다. 가령 포토샵에는 클릭 한 번이면 자동으로 빈 공간을 색칠하고 그러데이션까지 넣는 기능이 있다. 이는 가장 사소한 기능이고, 수많은 기능이 명령만으로 표현을 실행한다. 생성형 AI는 이를 넘어서서 사용자의 요구에 따라 즉석에서 실질적으로 온갖 구성요소를 그 순간 창작하는 것에 가까운 형태로 구현한다. 그러나 근본적인 속성은 '인간이 명령하면 기계가 표현한다'고 볼 수 있다는 점에서 기존 프로그램들과 법적인 본질상 완전히 다르다고 볼 수는 없다.

나아가 매우 현실적인 문제가 존재한다. AI를 이용해 그림을 생성한 이후 인간이 추가로 수정하여 완성한 경우다. AI를 이용해 글이나 그림을 생성했다 할지라도 해당 작품을 구체적으로 수정해 최종적으로 인간이 완성한다면, 인간이 직접 수정한 부분에 '인간의 표현'을 인정할 수 있게 된다. 즉 이 경우 결국 인간은 AI가 생성해 저작권 없는 밑그림이나 밑바탕 위에 자기의 '표현'을 더해 창작 행위를 한 것이 된다.

그렇다면 이처럼 그림이든 글이든 음악이든 AI가 초벌 작업을 하고 인간이 그 위에 수정 및 추가 작업을 하는 건 괜찮다는 말인가? 이런 작업이 보편적으로 이루어져도 저작권법적으로 보호가 되는가? 사실상 '눈

101

가리고 아옹 하기'가 될 가능성은 없는가? 누군가가 그 창작물은 'AI가 창작한 것이라 저작권이 없다'라고 이의를 제기해도, '나는 AI를 초벌 작업에만 활용했을 뿐이다'라고 답하면 끝날 문제인가? 그리고 수정을 얼마나 했는가도 현실적으로 문제가 된다. 인간이 수정을 약간 하면 여전히 저작권이 없고, 수정을 많이 하면 저작권이 발생한다고 봐야 할까(그렇다면 '약간'과 '많이'의 기준은 어떻게 마련할 것인가)? 만약 내가 쓴 글에 AI로 생성한 '저작권 없는 문단들'을 대량 추가한다면, 그 부분만 별도로 저작권이 없다고 판단해야 할까? 그러면 저작권을 '발생'시키기 위해서는 내가 살짝 단어만 바꿔주는 식으로 '수정, 증감'을 하면 되는 것인가? 이런 것들이 단순한 추상적인 법리를 넘어 현재 당면한 실질적인 문제라고 볼 수 있다.

그에 대한 명료한 답은 존재하지 않는다. 모든 사례마다 대법원 판례가 있는 것도 아니고, 구체적인 개정 입법이 이루어진 것도 아니다. 다만 이러한 문제는 계속해서 논란이 되고 세상은 법에 명확한 답을 요구하게 될 것이다. 현재 전 세계에서 가장 빠른 발전이 이루어지고 있다는 AI 분야에 대해, 법이 언제까지나 대답을 유보하며 느리게 답할 수만은 없다. 물론 이에 대해 법조인들만 고민하고 답해야 하는 것도 아니다. 오히려 법의 세계에 갇혀 있으면, 진짜 기술과 예술 분야에서 일어나는 이러한 변화에 둔감해질 수도 있다. 사회와 문화에 관심 있는 이들이라면, 누구나 이 문제를 적극적으로 고민해야 할 시점이다.

챗GPT와 지브리를
둘러싼 논란

이어서 생성형 AI를 둘러싼 무척 중요한 저작권 논란을 살펴보자. 챗GPT가 기능을 업그레이드하면서 이미지 생성이 수월해지자 문제가 불거졌다. 챗GPT에서 어떤 이미지든 '지브리 애니메이션 스타일'로 바꿔주는 프롬프트가 허용되자 전 세계인들이 자기 사진을 지브리 스타일로 바꿔달라고 AI에게 요구했고, 그 수가 수억 건에 이른 것이다. 이를 두고 과연 지브리 스튜디오 측의 저작권은 어떻게 되는가 하는 논란이 터져 나왔다. 특히 지브리 팬들은 이것이 지브리 이미지에 대한 저작권 침해임을 주장했고, 자기만의 스타일을 지키고자 하는 수많은 예술가가 우려와 불쾌감을 표했다.

그런데 이처럼 특정 화풍이나 스타일의 저작권을 주장한다는 건 쉽지 않다. 스타일에 저작권이 있다고 해버리면 생각보다 복잡한 문제들이 생길 수 있다. 가령 음악에서 모던록이나 헤비메탈 스타일로 연주하는 밴드들은 그 최초의 스타일을 만든 음악가의 저작권을 침해한 게 된다. 고갱이나 세잔도 초기 인상주의 화가인 모네나 르누아르의 인상주의 스타일을 침해한 게 될 수 있다. 무라카미 하루키에게 영향받은 소설가들도 하루키에게 저작권료를 지급해야 할 수 있다. 하루키만 해도 레이먼드 챈들러나 스콧 피츠제럴드 등의 스타일에 영향을 받은 게 공공연한 사실인데, 그러면 그 유족들에게 저작권료를 지불해야 할 수 있다.

지브리 화풍이 워낙 개성 있다 보니 지브리 화풍을 절대적으로 보호해야 할 것처럼 느끼는 사람이 많다. 개인적으로 나 또한 지브리의 팬이기도 하고, 지브리가 특유의 감성을 지킬 수 있길 바라기도 한다. 그러나 지브리의 미야자키 하야오도 무에서 유를 창조한 건 아니고, 기존 여러 만화의 스타일에서 영향받으며 차차

확고한 스타일을 확립해왔다. 요즘 우리나라에서 쏟아지는 웹툰들만 봐도 일본 만화의 그림체 등 여러 스타일에 지대한 영향을 받았음을 느낄 수 있다. 그 스타일 하나하나의 원조를 찾고 저작권을 확립해 저작권 침해 문제로 다스린다는 게 쉬운 일은 아니다.

그래서 현재 저작권법의 법리는 스타일, 콘셉트 등을 '구체적으로 표현되기 이전의' 아이디어로 본다. 저작권법은 스타일이나 콘셉트, 화풍, 문체 등의 '아이디어' 자체를 보호하는 게 아니라, 그러한 아이디어가 표현된 '구체적인 작품'만을 보호한다. 가령 지브리의 〈이웃집 토토로〉에 나오는 구체적인 장면이나 캐릭터 등을 그대로 베낀다면 저작권 침해로 다스리게 되지만, 〈이웃집 토토로〉의 콘셉트를 흉내 내 비슷한 느낌과 분위기로 만든 별개의 작품까지 저작권법으로 다스리기는 쉽지 않은 것이다.

물론 지브리 스타일을 흉내 내는 정도가 아니라, 지브리라는 메이커를 내세우거나 지브리의 유명세를 이용해서 지브리풍 이미지를 만들어 '지브리 스타일 이미지가 들어간 그릇을 팔아요'라는 식으로 상업적으로 이용해버리면 부정경쟁방지법 등 다른 법적 이슈가 생길 수

105

는 있다. 타인의 아이디어나 명망을 훔쳐 쓰는 일이 되기 때문이다.♦ 그러나 현재의 저작권법상 법리로 스타일 자체를 온전히 저작권 침해로 다루기는 쉽지 않다.

만약 스타일을 적극적으로 저작권 영역에서 다루게 된다면, 나도 '정지우 스타일'의 문체를 저작권 등록해서 나와 비슷한 문체를 쓴 후행 작가들을 저작권 침해로 고소할 수 있는 여지가 생긴다. 반대로 나보다 앞선 작가들이 내 글쓰기 스타일이나 문체가 자기와 비슷하다고 나를 고소할 수도 있을 것이다. 그 스타일을 어떻게 정의할까? '철학적인 성찰을 주로 하면서 감각적이고 경험적인 문장을 곁들이는 이성적이면서도 감성적인 문체'라고 하면 될까? 이런 문체가 '정지우 스타일'이라고 가정한다면 비슷한 문체로 글 쓰는 작가들은 다 저작권 침해가 된다. 이렇게 되면 온 세상에 소송이 범람하게 될 것이다.

♦ 현재 국내법상 '아이디어'가 저작권법으로 보호받지는 못하지만, 부정경쟁방지법으로는 보호받을 여지가 있다. 다만 모든 아이디어가 보호되는 건 아니기 때문에 자세한 건 개별적인 사안에 따라 달라질 수 있다.

본디 스타일이 저작권법상 보호받지 못하는 '아이디어'인 데는 그럴 만한 이유가 있는 셈이다. 예술가들은 서로 끊임없이 영향을 받아가면서 자기만의 스타일을 만들어간다. 어떤 스타일은 딱 보면 그 작가의 고유한 특징을 느낄 수 있기도 하지만, 비슷한 스타일의 작가도 적지 않다. 가령 지브리 스타일이라고 생성된 그림들만 보더라도 지브리 만화와 구체적으로 비슷한 경우도 있지만, 그렇지 않은 경우도 많다. 그냥 '따뜻한 분위기의 그림'이 아닌가 싶은 경우도 적지 않다. 심지어 지브리에서 제작한 작품들만 놓고 봐도 초기 만화의 화풍과 후기 만화의 화풍에 차이가 난다. 시대 변화에 따라 대중의 눈에 더 보기 좋은 형태로 선과 색이 선명해지는 등 그림 스타일이 변화하는 것이다. 나아가 사람에 따라서는 디즈니, 드림웍스, 워너브러더스 등 애니메이션 제작사별 작품들의 스타일을 잘 구별하지 못하는 경우도 많다.

AI는 온갖 문체나 화풍, 음악 스타일을 생성해낸다. 당장 AI는 헤밍웨이, 무라카미 하루키, 도스토옙스키 스타일의 글을 써낼 수 있다. 모던록이나 헤비메탈, 재즈, 트랩, 컨트리, 팝 등 다양한 스타일의 음악도 생성해낸다. 인상주의, 입체주의, 초현실주의 같은 여러 스타일의 그림도 만들어낸다. 이러한 스타일의 생성을 모두 제한한다는 건 현실적으로 어려울 수 있다.

다만 현재 활동하는 구체적인 작가나 예술가에게는 AI가 자신의 작품을 허락 없이 학습하거나 자신의 이름을 이용해 생성하는 행위를 거부할 권리를 인정해야 할 필요도 있을 수 있다. 어쨌든 AI 회사들은 유명 예술가나 스튜디오 등의 '명성'을 이용하여 상업 행위를 하는 셈인데, 과연 개별 예술가에게 아무런 대가를 지급하지 않은 채 이러한 행위를 하도록 허용하는 것이 타당한지는 고민해봐야 한다. 이는 실제로 전 세계적으로 매우 중요한 쟁점이 되는 부분으로, 다음 절에서 자세히 살펴보자.

데이터를 학습하는
AI의 문제

현재 생성형 AI와 관련하여 가장 문제되는 부분은 AI가 데이터 주인들의 허락을 받지 않고 학습하는 것에 있다. 가령 생성형 AI에게 '한국 출판물의 인용과 저작권 문제'를 주제로 칼럼을 써달라고 하면, 높은 확률로 내가 웹상에 써놓은 칼럼들을 인용하거나 조합하고 베껴 쓴다(실제로 시켜봤는데, 내가 쓴 칼럼을 출처로 해서 칼럼을 만드는 걸 목격했다). 그렇게 해서 AI 회사는 돈을 벌겠지만, AI가 이용한 각종 기사, 칼럼, 연구 자료 등을 만든 사람에게 돌아가는 몫은 없다. 이것이야말로 가장 논쟁적인 부분이고, 현재도 미국 등에서 치열하게 소송이 진행 중인 영역이다.

AI가 '지브리 스타일의 그림'을 생성해낸다는 것은 지브리 스타일의 그림을 이전에 학습한 적이 있다는 것이다. 단순히 웹상에 캡처된 지브리 만화들을 학습했을 수도 있고, 지브리 영상 자체를 프레임 단위로 쪼개 일일이 학습했을 가능성도 있다. 그런데 이 과정에서 지브리 측의 허락을 받지 않았다면, 지브리 입장에서는 꽤 복잡한 심경을 느낄 것이다. '우리 허락도 받지 않고 결국 우리 그림을 이용해서 엄청난 돈을 버는 셈이 아닌가?' 하고 말이다.

그래서 이 문제와 관련하여 국제적으로도 여러 논쟁이 일어나고 있다. 미국에서는 일군의 예술가들이 자기 작품을 '무단 학습'했다고 주장하며 AI 개발사를 상대로 소송을 제기하기도 했다. 유럽(EU)에서는 AI 규제법인 'AI법AI act'과 관련하여 저작권자의 'AI 학습을 거부할 권리' 논의가 활발하다. 반면 일본에서는 정보 분석을 목적으로 저작물을 자유롭게 사용할 수 있도록 허용하고 있어, AI가 기존의 작품들을 자유롭게 학습할 여지가 있다. 과연 AI가 타인의 저작물을 마음대로 학습해도 되는가, 그래선 안 되는가에 대해 전 세계적으로 치열한 논란이 있는 것이다.

우선 예술가 등 저작권자 입장에서 생각해보면, AI가 학습하는 데 작품을 활용하려면 저작권자의 동의나 허락을 반드시 받아야 한다. 작품을 무단으로 이용해서 결국 AI 회사들은 천문학적 수준의 상업적 이익을 얻을 테니, 저작권자들에게 보상은커녕 허락조차 받지 않는다는 건 상당히 부당해 보인다. 그러나 문제는 그보다 더 복잡할 수 있다.

사실 AI는 기존의 저작물을 '그대로' 활용하는 게 아니라, 그림이든 음악이든 글이든 그 작품의 '패턴'만을 추출하는 방식으로 학습한다. 구체적으로 말하면, AI는 분석한 수많은 데이터를 통해 형식, 구조, 스타일, 문법,

색채 구성 등 일종의 패턴과 통계적 특성을 분석하고, 이로부터 새로운 결과물을 생성하는 방식으로 작동한다. 그래서 AI는 새로운 그림이나 글을 주문받으면 단순히 기존 그림을 가져와 짜깁기하는 게 아니라, 그 속에서 익힌 패턴을 바탕으로 매번 새로운 결과물을 '생성'한다. 이런 과정은 인간의 창작 과정과 흡사한 면이 있다.

인간 또한 무에서 유를 창조하는 게 아니다. 자기만의 그림이나 글, 노래를 창작할 때 자기가 진심으로 좋아하고 사랑했던 여러 작품이 영향을 미친다. 나도 청년 시절에는 좋아하는 작품들을 필사하기도 했다. 어떤 책이 좋으면 그 책 전체의 문장을 베껴 써보면서 글쓰기 연습을 했다. 그런 작가들의 문체를 너무나 닮고 싶어서 말이다. 그 결과 내가 그 작품들을 그대로 복제하거나 모방해서 쓰진 않더라도, 그들의 '스타일'에 알게 모르게, 의식적으로든 무의식적으로든 크고 작은 영향을 받았을 것이다. 즉 나 또한 이 세상의 수많은 작품을 학습하면서 그 패턴을 익혀왔고, 그 결과 내 글을 쓸 수 있는 작가가 된 것이다.

그렇게 보면, 주체가 인간이든 기계든 이 세상에 있는 여러 저작물을 자신의 '학습'에 이용하는 것은 자

111

유롭게 허용되어야 한다고 볼 수도 있다. 나아가 AI의 몇몇 기능은 지금까지 구글 등 검색엔진이 하던 역할과 유사하기도 하다. 검색엔진 역시 자기들이 직접 만들지 않은 콘텐츠의 검색을 용이하게 하여 콘텐츠 주인들(저작권자들)로부터 별도의 허락없이 콘텐츠를 제공해왔기 때문이다. AI 역시 이런 '검색 기능'을 하면서 출처를 표기하고, 그렇게 모은 콘텐츠를 인용하고 조합하는 방식으로 글을 써내기도 한다. 이러한 활용 방식이 기존의 다른 도구를 활용하는 방식과 과연 본질적 차이가 있는지도 고민해볼 만하다.

이러한 논란들은 단순히 법을 다루는 사람들만 고민해서 될 부분은 아니다. 오히려 각종 AI 기술자, 예술가, 다양한 문화예술인 등 저작권자들과 작품을 사랑하는 팬과 소비자들까지 함께 고민하며 우리 사회의 '기준'을 만들어가야 한다. 우리나라에서는 세계적인 경쟁이 이루어지고 있는 AI 기술 발전을 위해 AI의 자유로운 데이터 학습을 허용할 것인가? 아니면 저작권자의 권리 보호를 위해 이를 막을 것인가?

개인적으로는 적어도 저작권자들에게 'AI 학습을 거부할 권리' 정도는 인정할 필요가 있다고 본다. 가령 웹상에 게시한 글이나 그림에 '이 저작물은 저작권자가 AI의 학습을 거부한 저작물입니다'라는 문구를 넣으면 AI 학습을 차단하는 게 기술적으로 어려운 일은 아닐 것이다. 나아가 지브리 스튜디오든 한강 작가든 밴드 넬이든 특정 이름이나 스튜디오, 그룹 등을 '언급'하면서 그와 같은 스타일을 만들어달라고 하는 식의 프롬프트는 저작권자의 허락 없이는 사용할 수 없게 하는 게 바람직하다고 본다. 그러면 '우리 AI는 지브리 스튜디오와 협의를 통해 지브리 스타일을 학습하고 생성하는 기능을 제공합니다' 하고 차별화하는 AI 업체들이 생길 수 있고, 저작권자의 권리 보호도 충분히 이루어질 수 있기 때문이다. 실제로 저작권법이 아닌 부정경쟁방지법 등은 타인의 아이디어, 성과물, 명망 등을 광범위하게 보호하기도 하므로, 저작권을 넘어 합법적인 권리 보호를 위해서는 이와 같은 방향이 타당할 것이다.

편집과 편집저작물의 재발견

앞에서 이야기했듯, 논란이 있긴 하지만 AI가 생성한 작품에는 '저작권이 없다'는 것이 일반적인 견해라고 볼 수 있다. 그러나 여전히 의문이 남는다. 인간이 아닌 AI가 생성한 것이야 저작권이 없다고 인정한다 해도, AI가 생성한 요소들을 인간이 자신의 안목으로 정교하게 재조합하고 편집해도 여전히 저작권이 없다고 봐야 하는가? 여기에서 기존 저작권법에서도 인정하는 '편집저작물' 개념이 소환된다.

편집저작물이란, 비록 개개의 요소는 본인이 창작한 게 아닐지라도, 그러한 요소들을 조합하고 배열하는 방식에서 독창적인 편집을 했으면 그 전체 편집물에 대해 저작권을 인정하는 법적 개념이다. 예를 들어 문제집 출판사는 변호사 시험 기출문제나 수능 기출문제 등에 대한 저작권이 없다. 기출문제를 만든 건 시험을 주관하는 기관이지 출판사가 아니기 때문이다. 그럼에도 출판사에서 그러한 기출문제들을 모아서 독창적인 방식으로 편집을 했다면, 그러한 편집의 창작성을 인정하여 편집저작물로 인정받을 수 있다. 이 경우, 다른 출판사가 그 출판사가 편집한 차례나 구성 그대로 문제집을 만든다면 저작권 침해가 될 수 있을 것이다.

사실 이 편집저작물 개념은 '편집'의 창작성을 인정한다는 점에서 저작권법에서 독특한 권리라고 할 수 있다. 저작권법은 주로 직접 창작한 저작물을 보호하기 때문이다. 그래서 편집저작물 자체는 일반적인 저작물에 비해 다소 희귀하게 취급되는 면이 있었다. 그러나 최근 AI의 등장으로 편집저작물이 재발견되고 있다. 바로 AI로 만든 각종 그림, 글, 음악, 영상 등을 창작자가 독창적으로 조합하고 배열하면 편집저작물로 인정될 가능성이 생겼기 때문이다.

실제로 AI를 활용하여 대본과 노래 가사를 쓰고 작곡을 한 다음, 이미지를 생성시키고 이를 조합하여 영화나 뮤직비디오를 만드는 사례가 폭발적으로 증가하고 있다. 이 개별 요소들은 모두 AI가 생성하였으므로 저작권이 없다고 볼 수 있지만, 그러한 요소들을 인간이 자기만의 안목으로 공들여 조합하고 독창적으로 하나의 작품으로 완성하면 이를 편집저작물로 보게 되는 것이다. 한국저작권위원회에서도 이러한 경우 편집

저작물로 인정하여 저작권 등록을 해주기도 했다.

AI 시대는 어떻게 보면 '편집'의 시대라고도 할 만하다. 기존에는 작가가 한 자 한 자 글자들을 써내고 선을 그리고 채색하는 기술과 노력이 중요했다면, 점점 그런 세세한 노동은 AI가 해결해갈 가능성이 크다. 가령 이 책《AI, 글쓰기, 저작권》을 AI를 활용하여 쓴다고 생각해보자. 나의 관점을 AI에게 제공하여 글을 쓰게 하면서, 소제목에 따라 정교하게 방향성을 제시하고, 필요한 내용을 조합하고 편집하여 한 절씩 완성하는 게 불가능하지 않을 것이다. 이때 필요한 건 줄곧 내가 강조해왔듯 '안목(관점)'과 '편집 능력'뿐이다.

그렇기에 저작권법의 '편집저작물'에 대한 관심도 앞으로 폭발적으로 늘어날 가능성이 크다. 우리는 누구나 창작자인 시대를 지나왔다. 모두가 스마트폰으로 버튼 하나만 누르면 사진저작물의 저작권자가 된다. SNS에 글을 써서 올리면 어문저작물의 저작권자가 된다. 유튜브나 틱톡에 올리기 위한 영상을 찍으면 영상저작물의 저작권자가 된다. 모두가 '창작자'인 시대는 이제 점차 모두가 '편집저작물의 저작권자'이자 '편집자'인 시대로 이동할 수도 있다. 창작자, 편집자, 저작권자라는 것이 하나의 의미로 수렴되어가는 셈이다.

물론 나는 이 책에서 줄곧 주장해왔듯 '자기만의 글을 쓰는 능력'이 결코 무가치해지지 않을 것이고, 오히려 점점 더 희소하고도 중요한 능력이 될 수 있다고 믿는다. 그러나 동시에 '편집 능력'만으로도 작품을 만들 수 있는 시대가 분명히 왔고, 이를 마냥 거부할 수 없다고도 생각한다. 어찌 보면 한 땀 한 땀의 '창작 능력'과 거시적으로 그러한 요소들을 바라보며 조합하고 배열할 수 있는 '편집 능력'이 황금비율로 공존하길 요구하는 시대가 온다고 볼 수 있다. 아니, 이미 작가가 곧 편집자인 시대가 왔다.

나 또한 일상적으로 편집 작업을 한다. 아예 여러 저작물을 선정하고 분류하는 큐레이션 작업을 의뢰받아 몇 개월간 해본 적도 있다. 뉴스레터 '세상의 모든 문화'를 운영하면서 스무 명 이상의 필진이 활동하는 이 뉴스레터의 편집자 역할을 하기도 한다. 책을 쓰는 일 자체도 단편적인 글들만 쓰고 전체 구성은 편집자가 할 때도 있지만, 책 전체의 차례와 구성을 내가 직접 고민하는 경우도 많다. 법률 서면을 쓸 때도 각종 법 규정과 판례, 기타 사례 등을 판사가 보기 좋게 조합하고 목차를 짜는 일을 한다. 온라인 채널을 운영할 때 채널의 각 요소가 구독자에게 어떻게 보일지 배열하는 작업 역시 편집 능력과 관련된다. 실제로 온라인 홈페이지 자체는 법적으로 편집저작물로 취급되기도 한다.

세상이 점점 정보로 넘쳐나고 있다. 여기에 AI까지 가세하여, 실제로 무한에 가까운 콘텐츠가 매일 생산된다. 그러한 정보들 가운데 정말 유용한 것들을 골라내어 큐레이션하고 사람들에게 제공하는 일이 일종의 편집 능력이다. 나아가 다양한 요소를 보기 좋게 조합하고 독창적으로 배열함으로써 하나의 새로운 창작물로 만들어내는 일 역시 편집 능력에 달려 있다. '편집'의 재발견이라 봐도 무방한 시대가 열린 것이다. 이에 따라 편집저작물의 지위 또한 저작권법의 '구석'에 있는 '특수한 경우'가 아니라, 새로운 시대에 가장 중요한 저작물로 향상될 수 있다.

AI 리스크에
대비하기

생성형 AI는 기본적으로 각종 글과 이미지 등 여러 데이터의 패턴을 학습하고, 그러한 패턴을 활용해 데이터를 생성하는 방식을 따른다. 기존 데이터를 그대로 베끼는 것은 아니라고 알려져 있다. 가령 지브리 스타일로 그림을 그려달라고 해도 〈모노노케 히메〉나 〈붉은 돼지〉의 캐릭터가 직접 등장하지는 않는다. 무라카미 하루키 스타일로 글을 써달라고 해서 《상실의 시대》속 인물이 그대로 복제되어 등장하지는 않는다.

그럼에도 AI에게 여러 지식을 바탕으로 한 글쓰기 등을 요구했을 때, AI가 생성한 글에 기존에 발표된 칼럼이나 논문 등의 문장이 그대로 담길 가능성을 완전히 배제할 수 없다. 일반적인 방식대로라면 AI가 추출한 지식을 매번 다시 재조합하여 새로운 글을 생성해내긴 하겠지만, 그 과정에서 기존 저작물과 '실질적으로 유사'하다고 볼 수 있을 만큼 유사한 문장이나 이미지가 생성될 수 있다.

'실질적 유사성'이라는 것은 저작권 침해의 요건이

다. 예를 들어 어떤 작품 B가 특정 작품 A를 완전히 복제한 것은 아닐지라도, 매우 비슷하여 '실질적으로 유사'하다면 작품 B는 작품 A를 '베낀' 것으로 본다(즉 법적 의미에서 '저작권 침해'로 의율된다). AI 또한 이러한 문제를 야기할 수 있다. 가령 '지브리 스타일로 말하고 움직이는 불꽃 정령을 그려줘'라고 했는데, 그 이미지가 〈하울의 움직이는 성〉에 등장하는 불꽃 정령 캐릭터인 '캘시퍼'와 비슷하게 생성될 수 있다. 이용자는 AI가 생성했으니 저작권 문제는 없겠다고 안심하고 이 캐릭터를 마음대로 활용하다가, 캘시퍼와의 실질적 유사성이 인정되어 저작권을 침해하게 되어버릴 수도 있다.

글도 마찬가지다. 앞에서 예를 들었듯이, 나는 웹상에 저작권 문제와 관련한 다수의 칼럼이나 포스트 등을 올려두었다. 특히 '출판물에서의 저작권과 인용' 같은 주제는 칼럼으로 자주 다루는 변호사가 거의 없어서, AI에게 이런 주제의 지식과 글을 요구할 경우 높은 확률로 내가 쓴 글을 데이터로 활용한다. 이에 대해 AI가 출처를 밝힌다 해도, 내가 쓴 문장들이 거의 유사하게 활용되고 내가 쓴 글과 비슷한 구조로 칼럼이 만들어지는 걸 실제로 목격했다. 이 경우 AI가 생성한 칼럼이지만 내가 쓴 글과 실질적으로 유사하여 저작권 침해가 될 가능성이 존재한다.

이러한 문제는 '구체적인 것'을 요구할수록 발생할 여지가 커진다. 그런데 역설적인 것은 AI를 제대로 활용하려면 구체적인 제한조건(한정 수식어구)을 걸어야 한다는 점이다. 대충 '저작권에 대한 글을 써줘'라는 요구는 AI를 효과적으로 활용하는 것이라 볼 수 없다. '출판물에서 다른 사람의 도서를 인용할 때, 저작권법적으로 어떤 문제가 존재하고, 어느 정도 인용하는 게 바람직한지를 구체적으로 다룬 칼럼을 써줘' 같은 요구를 해야 AI를 제대로 활용하며 의미 있는 관점으로 글을 생성하는 일이라 볼 수 있다. 그런데 그렇게 제한조건이 구체적일수록 타인의 저작물과 실질적으로 유사한 수준의 저작물이 생성될 가능성을 배제할 수 없다.

이는 저작권 문제를 넘어 개인정보 유출과도 이어지는 문제가 될 수 있다. 일반적으로 생성형 AI는 데이터의 패턴이나 형식을 학습한다고 알려져 있지만, 실제로는 훈련 데이터에 포함된 희귀하거나 민감한 정보를 암기하고, 특정 조건에서 이를 출력하는 경우도 보고되고 있다. 즉 소수 사례나 희귀한 표현은 AI가 통째로 암

121

기하는 일이 종종 발생하는 것이다. 이를 '비의도적 암기unintended memorization'라고 한다.

예를 들어 AI에게 소설에 쓸 주소나 이메일 같은 것을 생성하도록 요청했을 때 누군가의 개인정보가 그대로 복제되어 제시될 여지가 있는 것이다. 특히 '소설에 쓸 대한민국 서울시 동대문구에 살며 교회를 다니는 스물세 살 대학생이 살 법한 자취방 주소를 알려줘'라는 식으로, 세밀하게 생성 요청을 할수록 AI가 기존에 존재하는 개인정보를 노출할 가능성이 높아질 수 있다. 이는 타인의 개인정보를 침해하는 일이 될 수도 있고, AI를 활용하는 과정에서 내 개인정보가 유출되는 위험을 불러올 수도 있다.

한편으로, 법적 리스크는 아닐지라도 AI가 환각 현상을 일으켜 가짜정보를 생성할 가능성은 여전히 존재한다. 예를 들어 AI는 '청나라의 훌륭한 왕이었던 세종대왕이 창시한 히라가나의 역사에 대해 자세히 알려줘'라고 하면 마치 진실처럼 보이는 지식을 전해준다. 이처럼 자연스러운 대답과 문맥 연결을 위해 온갖 가짜정보를 생성하고 동원하는 것이 '환각' 문제이다. 이는 모든 정보에 대한 정확한 출처와 링크를 제공하라고 하면 어느 정도 팩트 체크가 가능하긴 하지만, 그럼에도 환각이 언제쯤 완벽하게 해결될지는 알 수 없다.

그렇기에 AI 사용에도 각종 리스크가 있다는 점을 이해해야 한다. 정교한 지식 문제일수록, 별도의 웹 검색 등을 통해 사실 여부를 확인하지 않으면 낭패를 볼 수 있다. 생성된 콘텐츠가 다른 저작물의 저작권을 침해할 수도 있고, 엉뚱한 날조를 포함할 수도 있다. 그러니 AI 활용이 편해진 시대에야말로, 이용자는 법적 지식뿐 아니라 다양한 정보를 비교 대조하며 의심할 수 있는 안목을 갖춰야만 한다. 그렇지 않고 AI를 무턱대고 믿다가는 타인에게 신뢰를 잃고 거짓말쟁이가 되거나 범죄자가 되어버릴지도 모른다.

결론:
나의 문제로 인식하기

생성형 AI라는 초현실적인 기술의 등장으로, 법적으로도 여러 문제가 새롭게 출현하고 있다. 사실 이러한 법적 문제는 변호사들조차 개별적으로 명확한 답을 안다고 보기 어렵다. 가령 'AI가 생성한 작품에는 저작권이 없다'라곤 하지만, 법 규정에 명시된 것도 아니고 대법원 판례가 존재하는 것도 아니다. 'AI가 생성한 요소들을 인간이 독창적으로 조합하면 편집저작물로 인정된다' 같은 견해 역시 마찬가지다. 대체로 그러한 법리의 타당성을 인정하지만, 아주 명료하게 확정된 법리라고까지 볼 수는 없다.

AI가 기하급수적으로 발전하고 사회의 각 영역과 맺는 관계가 복잡다단해질수록 법적인 고민은 더 다채로워지고 깊어갈 것이다. 중요한 것은 이러한 법적 문제에서 등을 돌리지 않고 나의 문제라고 인식하는 일이다. 스마트폰과 SNS의 등장으로 모두가 저작권자가 되어버린 순간부터, 저작권은 우리와 떼려야 뗄 수 없는 문제가 되었다. 실제로 유튜브, 틱톡, 인스타그램 등에는 '저작권 침해 영상물'이 가득하다. 내가 찍지 않고 기존 저작권이 있는 이미지나 영상을 멋대로 활용해 내 계정에 올렸다면, 저작권 침해일 가능성이 크다.

AI의 경우도 마찬가지다. 일상적으로 활용하면 할수록 이에 관한 법적 문제도 일상의 문제가 된다. 각종 법적 리스크를 고민하며 활용이든 창작이든 할 필요가

있다. 그래야만 나의 권리를 제대로 지킬 수 있으며, 타인의 권리도 침해하지 않을 수 있다.♦

♦ AI 문제를 넘어 저작권법의 일반적이고 기초적인 법리에 관해 알고 싶다면, 《이제는 알아야 할 저작권법》(정지우, 정유경 저)을 참고해보자.

돌이켜보면 크고 작게 화제가 된 기술은 매 시대에 있었다. 불과 얼마 전까지만 해도 NFT니 메타버스니 하는 것들이 세상을 떠들썩하게 했지만, 금방 잠잠해지기도 했다. AI 역시 그런 '지나가는' 변화 중 하나일지도 모른다. 그러나 현재 전 세계에서 가장 큰 시가총액을 자랑하는 빅테크 기업들이 AI에 투자하는 규모라든지, AI가 발전하는 속도나 AI가 이끄는 경제 수준, 문화 담론을 보면 그냥 지나가는 기술일 가능성은 크지 않아 보인다.

특히 AI는 이미 챗GPT, 클로드Claude, 제미니 같은 대형 언어모델을 넘어, 코파일럿Co-pilot처럼 코드 자동화를 지원하기도 하고, 의료 진단 보조, 신약 설계, 로봇 운행 제어, 자율주행, 디지털 트윈 등 다양한 산업 분야에서 응용되고 있으며, 단순한 트렌드를 넘어서는 플랫폼 전환기적 기술로 간주되고 있다. 요컨대 AI는 세상을 바꾸는 하나의 근본 기술로서, 산업혁명기의 증기기관이나 전기의 발명에 버금간다고 볼 여지가 있다. 〈하버드 비즈니스 리뷰〉를 비롯한 유수의 잡지에서 AI를 전기·인터넷·스마트폰 이후 또 하나의 범용기술 general purpose technology로 분류했고, 세계경제포럼(WEF), 국제통화기금(IMF) 등은 AI를 '제4차 산업혁명의 핵심 기술' 혹은 '전방위적 생산성 기술'로 평가하고 있다.

대변혁의 시기에는 누구나 걱정과 불안을 느끼기도 하고, 동시에 기술이 실현할 미래에 대한 설렘과 기대를 가지기도 한다. 그럴수록 현실을 보다 온전하게 바라보고, 내가 할 수 있는 일, 내가 해야 하는 일은 무엇인지를 마주보는 일이 중요하다. 시대에 너무 휘둘려서도 안 되고, 그렇다고 목석처럼 시대에 아무런 반응을 하지 않아서도 곤란하다. 시대에 적당히 흔들리면서 시대라는 파도를 타고 나아가는 서퍼가 될 필요가 있다. 나는 이 책을 읽은 독자들이 스스로 AI라는 파도를 타고 나아가는 서퍼가 될 수 있길 바란다.

요즘에는 글쓰기 강의에 가면 거의 반드시 AI에 관한 질문이 나온다. 주변 작가들이 AI의 등장에 당혹감을 감추지 못하는 모습도 종종 본다. 이 책은 그런 질문과 혼돈 사이에서 내가 스스로에게 답해온 여정이 담겨 있다. 인간 존재에 대한 질문에서부터 글쓰기와 관련한 현실적인 고민, 나아가 저작권 변호사로서 가지고 있는 관심까지 최대한 다각도로 담아보고자 했다. 이 책을 읽어낸 분들이 그러한 의문을 어느 정도 해소할 수 있었기를 바라본다.

사실 내가 AI에 대한 책 한 권을 쓰게 되리라고는 상상도 하지 않았다. 그러나 마치 어느 날 파도가 밀려오듯이 AI에 대한 생각이 머릿속에서 터져 나왔고, 이 책은 쓰기 시작한 지 한 달도 채 되지 않아서 완성되었다. AI의 폭풍이 나에게도 그만큼 충격과 신선함으로 다가왔는지도 모른다. 그렇게 보면 역시 글쓰기는 시대를 받아들여 흡수하고 내뱉는 어떤 '기관'이 되는 일이 아닐까 싶다. 변혁기에는 글 쓰는 사람도 바빠진다. 새로운 변혁을 감지하는 흥분 속에서 글 쓰는 사람은 역시 무엇보다 서둘러 온갖 이야기를 '글'로 뱉어내고 싶기 때문이다.

그렇게 보면 AI라는 것은 글 쓰는 사람에게 위기라기보다는 또 하나의 소재이자 기회일지도 모르겠다. 어쨌든 글 쓰는 사람은 내면 가장 깊은 곳에서부터 솟아오르는 온갖 이야기를 뱉어내기 바빠야 한다. AI가 '내면의 어디쯤' 자리 잡아서 그 역할을 대신할 날이 올지 모르겠으나, 나로서는 아직 거기까지는 상상되지 않는다. 나의 내면 어딘가에 AI 칩이 자리 잡아 이 솟구치는 마음을 AI가 대신 글로 작성해준다는 것이 가능할지, 그건 무슨 개념일지, 내 이해를 벗어난다. 나는 내 온몸과 마음으로 느끼며 받아들이는 이 하루와, 이 삶과, 이 세상에 관해 나의 관점에서, 나의 이야기를 써나가는 일을 계속할 것이다. AI는 그 여정을 충실히 도울 것이다. 아니, 이미 훌륭한 비서로서 돕고 있다.

AI가 아무리 발전해도 우리가 지금 여기의 내 삶에 속해 있다는 사실은 영원히 달라지지 않는다. 영화 〈매트릭스〉에서처럼 AI가 우리 인간을 잡아서 통 속에 가둔 뒤, 뇌의 전기 자극으로만 세계를 경험하게 되는

130

날이 오지 않는 한 말이다. 우리는 여전히 이 삶 속에서 어떤 절대적인 우위를 점유하고 있다. 그것을 '삶의 우위'라고 할 수 있을 것이다. 우리가 삶을 사랑하고, 삶에 속해 있기를 집요하게 추구한다면 삶은 우리에게 무엇을 해야 할지 알려줄 것이다. 내가 가장 좋아하는 릴케의 말을 남겨본다.

"삶은 어떠한 경우에도 옳습니다."

_《젊은 시인에게 보내는 편지》 중에서

마름모 문고
001

AI, 글쓰기, 저작권

1판 1쇄 2025년 6월 16일
© 정지우

지은이 ♦ 정지우

펴낸이 ♦ 고우리

펴낸곳 ♦ 마름모

등　록 ♦ 제 2021-000044호 (2021년 5월 28일)

전　화 ♦ 070-8028-3973

팩　스 ♦ 02-6488-9874

메　일 ♦ marmmopress@naver.com

블로그 ♦ blog.naver.com/marmmopress

인스타그램 ♦ @marmmo.press

ISBN ♦ 979-11-94285-11-3 04300

　　　　979-11-94285-09-0 (세트)

평행하는 선들은 결국 만난다 ♦ 마름모 문고